엄마의
심야책방

엄마의 심야책방

초판 1쇄 발행 2018년 6월 12일

지은이 김미선
발행인 송현옥
편집인 옥기종
펴낸곳 도서출판 더블:엔
출판등록 2011년 3월 16일 제2011-000014호

주소 서울시 강서구 마곡서1로 132, 301-901
전화 070_4306_9802
팩스 0505_137_7474
이메일 double_en@naver.com

표지종이 랑데뷰 울트라화이트 210g
본문종이 그린라이트 80g

ISBN 978-89-98294-41-0 (03320)

도서출판 더블:엔은 독자 여러분의 원고 투고를 환영합니다. '열정과 즐거움이 넘치는 책'으로 엮고자 하는
아이디어 또는 원고가 있으신 분은 이메일 double_en@naver.com으로 출간의도와 원고 일부, 연락처 등을
보내주세요. 즐거운 마음으로 기다리고 있겠습니다.

엄마의
심야책방

— 김미선 지음

더블:엔

근사하게 망가진 하루

아이는 네 살. 남편은 직장에 다니며 퇴근 후 1일 1술을 즐겨한다. 나는 경력단절 여자가 된 지 5년째다. 아이는 올해 어린이집에 들어간다. 그럼, 나는 이제 어디로 가지? 내 인생은 제대로 된 방향으로 흘러가고 있을까?

손 하나 까딱하고 싶지 않은 날. 귀찮음이 온몸에 스며든 날. 나는 제대로 망가진 하루를 보내기로 마음먹는다. 수많은 백수 중 가장 성실한 '전업주부' 백수에게 부여된 특별한 권한이랄까? 제대로 망가진 하루의 시발점은 늦잠. 뒹굴고 또 뒹굴다 등이 배겨 도저히 안 되겠다 싶을 때 몸을 반쯤 일으켜본다.

아기가 일찍 일어나버리면 어떡하나? 엄마 옆에서 뒹굴다 같이 늦잠을 자주면 고맙다. 하지만 아기들은 엄마의 기분 따위 아랑곳하지 않고 언제나 기운이 넘치는 에너자이저다. 나보다 일찍 일어나게 될 확률 99.9%. 그럴 때는 망가진 하루답게 눈 뜨자마자 과감하게 TV 리모컨을 잡는다. 가장 좋아하는 '헬로 카봇'을 틀어주고 다시 눕는다. 30분 정도 추가 잠을 허락받는다. 물론 내가 잠자리에서 나왔다고 TV의 임무가 끝난 건 아니다. 이날은 TV가 온종일 가동된다.

오는 전화도 안 받고 전화를 거는 일은 더더욱 없다. 심지어 카톡을 확인하는 것도, 실시간 검색어를 구경하는 것도 귀찮다. 삼시 세끼를 챙겨 먹는 건 이미 무리다. 아침이 훌쩍 넘은 시간에 일어나기 때문에 한 끼는 벌써 사라지고 만다. 내가 아는 식사 메뉴 중 가장 간단한 것을 택한다. 컵라면. 사리 곰탕이나 튀김 우동은 아기도 먹을 수 있어 일거양득. (남편이 알면 사직서 쓰고 집으로 쫓아올 판이다) 저녁 메뉴는 언제 먹어도 입맛을 돋우는 김과 영양 가득 계란후라이. 망한 하루에도 메뉴 계획은 세우게 되는구나.

리모컨 버튼 까딱할 힘도 아깝고, 숟가락 들어 올릴 힘도 아까울 지경이다. 집안 꼴을 살펴보자면 오늘은 아가가 타는 '라바 씽씽 카'를 탈 수 없는 날이다. 바닥에 놓인 장난감, 책, 휴지, 과자그릇, 기저귀, 우유, 로션 등. 급 벼룩시장이라도 열린 듯 잡동사니가 모두 나와 발 디딜 틈이 없다. 제대로 식사를 하지 않았음에도 설거지통은 가득 차 있다. 설거지 더미도 오늘은 그대로 쌓아둬야지. 친정엄마가 보셨다면 분명 돼지우리라고 하셨을 것이다. 오늘만큼은 이런 풍경도 용서가 된다. 망가지기로 마음먹은 하루니까. 실컷 더 어질러 보자. 아가야.

이건 오늘 나의 하루다. 정말 다행인 건, 바닥을 친 하루도 끝이 난다는 것이다. 이렇게 하루를 망치고 나니 내일은 일찍 일어나 아이가 깨기 전에 책을 좀 보고 싶다. 집안도 구석구석 치우고, 시간을 투자해 식사 준비도 하고, 아이를 데리고 놀이터로 산책도 나가고 싶어진다.

망가진 하루. 인간이기에, 집에 있는 엄마이기에 누릴 수 있는 특권. 만약 기계였다면 망가진 하루의 종착지가 병원이나 고물상일지도 모른다. 인간이기에 아무것도 안 하고 싶을 때도 있고, 의욕이 과하게 넘칠 때도 있다.

망할 잠은 나의 수능 점수를 갉아먹었고
망할 TV는 내 머리를 바보상자로 만들었고
망할 식사는 나에게 평생 다이어트라는 숙제를 남겼다.
망할 운동은 나에게 더러운 몸을 선물했고
망할 청소는 나에게 역겨운 냄새를 풍겼으며
망할 부재중 전화는 나를 사회 부적응자로 만들었다.
망할 하루들이 모여 결국 내 인생은 망했다.

뼛속까지 망한 내 하루가 근사하다고 말할 수 있는 이유는 무엇일까? 이유는 한 가지다. 한 장의 글로 남겼기 때문이다. 이 글은 한 권의 책을 만드는 재료가 되겠지. 나와 같은 전업주부의 삶을 사는 그대의 하루는 어떤가. 그대가 원하는 인생의 방향으로 잘 흘러가고 있는가? 그대의 인생은 나보다는 나은가? 그 이하든 이상이든 그 자리에서 다시 근사한 인생을 시작할 수 있는 답이 있다.

어느 날, 친구가 말했다.
"아기 어린이집은 언제 보낼 거야?"
"아, 올해는 데리고 있으려고."
"진짜? 아기 키우는 시간 너무 아깝잖아."
"아… 그래, 그렇긴 하지."
나름 잘 지내고 있다고 생각했다. 아기도 키우고 책도 읽으면서. 그런데 친구의 한마디에 내 삶은 모래성처럼 와르르 무너지고 말았다. 내 인생이 그렇게 흥청망청 시간만 낭비하고 있는 것처럼 보였나?
그래, 아기 밥 먹이고 똥 치우고 아이만 보며 투닥거리며 사는 내 모습이 안타까워 그랬겠지. 아이만 키우는 내 인생은 정말 의미 없는 인생일까? 남들이 봤을 때 전업주부의 삶은 나태하고 쓸모없고 무능력한 시간으로 보일지 모른다. 그렇게 생각하기에 충분한 모양새를 갖추고 있다. 나태하게 보냈던 시간을 들킨 것 같아 뒤통수를 제대로 "픽" 얻어맞은 기분이었다. 우리 남편조차도 아이 키우는 것을 제외한 내 삶은 무가치한 것처럼 여기고 있었기 때문이다.

가치 없는 인생은 없다. (그렇게 보이기 쉬운) 아이를 키우는 전업주부의 인생이 책을 통해 근사한 인생으로 바뀌었다. 지금부터 그 구체적인 방법을 소개해보려고 한다. 내 동생이자 언니이자 친구인 당신도 전업주부에서 근사한 주인공으로 변신할 수 있다. 구제불능 하루 중 딱 한 가지만 해보자. 그건 바로 독서다.

누군가의 아내로 누군가의 엄마로 사는 삶은 훌륭하다. 하지만 그 안에서 나를 잃지 않는 것도 중요하다. 설니홍조(雪泥鴻爪)라는 말이 있다. "기러기가 눈 위에 남긴 발자국도 눈이 녹고 나면 사라지고 만다"는 뜻이다. 열심히 살기는 했는데 나이 들어 지난날을 돌아보니 아무것도 남은 것이 없다면? 내 이름, 나라는 존재를 지키면서 그 역할을 충실히 해내지 않으면 껍데기만 남게 된다. 그 속을 단단하게 채울 수 있는 가장 좋은 재료가 바로 책이다.

승진한 남편, 공부 잘하는 아이, 넓은 집, 번지르르한 주방, 해외여행. 겉만 신경 쓰다가 나 자신을 잃어버린다. 진정한 나로 살아가기 위해서는 주변 환경보다는 나에 대해 조금 더 신경 써야 한다.

결국, 내가 살아가는 이유는 누구의 엄마, 누구의 아내가 아닌 인간 '김미선'을 위한 삶이어야 한다. 마음 깊이 기억하고 살아야 한다. 초보 작가의 초라한 원고를 책으로 엮는 무모한 도전을 해주신 송현옥 편집장님, 육아라는 캄캄한 터널 속에서 한줄기 빛이 되어주신 부모님과 동생, 친구들, 세상을 보는 새로운 눈을 선물해준 아가 하율, 멋모르는 초보 작가에게 얼음 장처럼 시크한 독설을 날려준 내 첫 번째 독자이자 평생을 함께할 시몬씨, 생각의 모든 것을 허락해주고 나를 숨 쉬게 해주신 하나님께 모든 감사함을 바친다.

지금 당신의 손 위엔 책 한 권이 놓여 있지만, 책을 덮었을 때는 "짜잔~" 하고 그대의 소원을 들어줄 요술 램프 하나가 놓여 있길 바라본다. 책을 좋아하고 책을 읽는 사람들이 많아지길, 이 책을 읽는 모든 사람이 행복해지길 바라며 글을 시작한다.

CONTENTS

#003 | 책 읽는 엄마 책 쓰는 엄마

책을 읽지 않는 사람은 한 번의 인생을 살지만,
책을 읽는 사람은 여러 번의 인생을 산다.

- 밀란 쿤데라

#001

엄마가 되고
나를 잃고

·
·
·
·

창 살 없 는
감 옥

 "수감번호 1112번 출소를 명한다."

창살 없는 감옥에 갇히게 된 지 10년. 생활은 이렇다.

밥 먹을 땐 교도관의 숟가락이 언제 날아올지 모르니 게 눈 감추듯 먹어야 하고, 화장실 갈 땐 문을 열고 교도관이 보는 앞에서 일을 봐야 하며, 잠을 잘 땐 교도관의 호출에 언제든 달려갈 수 있도록 선잠을 자야 한다. 교도관의 변을 치우고 온종일 그분의 기분을 맞춰주는 건 기본이다.

'세상 그 어떤 어려움에도 끝이 있다는 것만 알 수 있다면 견딜 수 있다.'

끝이 있다는 걸 알았기에 난 모범수로 살아왔다. 하지만 더 큰 문제는 내가 자유의 몸이 된 이후였다. 찬란한 햇살 아래 그토록 원했던 바깥세상으로 첫발을 내디뎠다. 얼마나 원했던 자유던가. 그런데 세상은 이제 갓 출소한 내가 그리 달갑지 않은가보다. 힘겨운 육아를 끝낸 나는 그저 경력단절녀에 맘충이가 되어 있을 뿐이었다. 세상으로 기웃거리면 기웃거릴수록 끝없는 사막의 뜨거운 모래밭 위를 혼자 걷는 기분이다.

'감옥으로 다시 돌아가고 싶다. 그때 그곳이 행복했었구나.'

10년 후 내 모습을 그려봤다. 육아로 10년을 창살 없는 감옥에 갇혀 지낸 우리. 아이들은 우리의 교도관 역할을 한다. 아이들이 성장해 학교에 입학하면 자유가 주어진다. 하지만 자유라는 선물은 공허함을 1+1로 함께 데려온다. 그 공허함 때문에 우리는 자유를 즐기지 못하고 오히려 감옥을 더 그리워하게 된다. 내 손길을 더이상 필요로 하지 않는 아이를 보며 "그래, 옛날이 행복했었구나" 하며 후회하게 될지도 모른다. 그런 후회들은 공허함의 추가 사은품으로, 정신에 찾아오는 감기 우울증도 동반한다.

창살 없는 육아 감옥 안에서 우리는 출소 후에 찾아오는 공허함, 후회, 우울증을 물리칠 힘을 길러야 한다. 무방비 상태로 있다가는 적들의 공격에 쓰러지고 만다.

고 김대중 대통령은 감옥 안에서 4년간의 폭발적 독서를 통해 노벨평화상을 수상하게 되고, 안중근 의사 또한 옥 생활 중 손에서 책을 놓지 않고 "하루라도 책을 읽지 않으면 입안에 가시가 돋는다"라는 말을 남겼다. 진짜 감옥이 아닌 창살 없는 감옥에 사는 우리는 얼마나 다행인가. 죄지은 듯 자유롭지 못하게 살아가지만, 진짜 죄를 지은 것도 아니니 얼마나 다행인가. 자유를 얻어 세상에 발을 디딜 때 사막의 뜨거운 흙길이 아닌 찬란한 꽃길을 만들어야 한다. 내 인생을 당당히 걸어갈 길을 만들어 놓아야 한다. 그런데 도대체 감옥 안에서 그 길을 어떻게 만들어야 한단 말인가?

할 일 이
풍 년 이 로 구 나

엄마가 되기 전엔 미처 몰랐다. '엄마'라는 직업이 그 어느 직장보다 힘들다는 것을.

대학교 4학년, 국문학 전공이었지만 문학적 소질이라고는 1%도 없었던 나는 남들 다하는 공무원 시험을 준비하기 시작했다. 비극적이게도 공부에도 취미가 없었던 터라 억지로 책상 앞에서 시간만 낭비하고 있었다. 그러다 우연히 중소기업체 경리로 일해보지 않겠냐는 권유에 공부를 때려치우고 직장에 들어갔다. 그때 처음 받은 월급이 88만 원 정도. 나름 4년제 대학도 나오고, 나쁜 짓 안 하고 착하게는 살아왔지만 능력은 없었던 나는 사회라는 곳을 그렇게 처음 경험하게 되었다.

그때부터 7년을 꾸준히 달려왔다. 그곳에서 보낸 7년은 내게 인생의 단맛, 쓴맛, 매운맛, 얄궂은 맛을 모두 알려주었다. 초창기엔 회사 일이 끝나고 회계 자격증을 따겠다고 학원까지 다니는 열정 넘치는 신입이었다. 멋모르던 신입은 깨지고 눈물 훔쳐가며 하나둘 일을 배워나가 '대리'라는 자리에 앉게 된다. 더 큰 책임감이 느껴져 일중독자 마냥 나름 열심히 했다. 또 시간이 흘러 '과장'이라는 타이틀이 주어졌다. 열정적이신 사장님 덕분에 한 달 동안 아침 8시 출근에 밤 12시까지 야근을 하는 미션도 수행했다. 출근할 때면 늘 각 잡힌 원피스를 입고 갔다. 일도 흐트러짐 없이 바른 자세로 하자는 나름의 원칙이었다. 그 옷에 어울리는 멋진 외모는 아니지만, 옷이라도 갖춰 입어야 일할 맛이 났다(근데 화장은 안 했다). 하지만 '과장'이라는 자리는 내가 앉기에 능력이 모자랐나 보다. 일보다는 사람들에게 지치기 시작했고 그러면서 점차 일에 대한 열정도 식어갔다. 다람쥐 통 안에서만 열심히 제자리를 맴도는 다람쥐 같았다. 그러다 통을 구르는 일마저 열정이 식어버린 것이다. 사람들과 어울리기 싫으니 점심 먹으러 가는 것도 곤혹스러웠다. 힘든 생활이 정점을 찍고 있었다. 사무실에 혼자 남아 우유, 빵으로 때우기도 하고 굶기도 했다. 그러다 결국 쓰러졌다. 그 시간을 겪어내며 나는 마음을 비우기 시작했다. 난 커리어우먼 흉내를 낸 아마추어우먼이었다.

힘들었지만 결혼식을 올릴 때만 해도 직장을 그만둘 생각은 없었다. 첫 직장이었고, 그 자리에 앉기까지 노력하고 힘들었던 시간도 길어 회사에 애착이 많았다. 아이를 갖고 입덧이 시작되면서, 남들보다 덜 자고 덜 놀면서 일궈온 그 자리를 넘겨주고 백수가 됐다.

나름 빡센 회사에서 일했기에 내게 주어진 웬만한 일은 누워서 떡 먹는 수준으로 처리할 수 있다고 자부하고 있었다. 하지만 막상 일을 그만두고 쉬어야 할 타임인 줄 알았던 전업주부의 삶은 그리 순탄치 않았다. 집에 있다고 가만히 쉬고만 있는 게 아니었다.

아침에 눈 뜨면 밥하고 미역이든 된장이든 꺼내 육수 우려 끓이고, 반찬 꺼내고, 없으면 만들어야 하고, 수저 젓가락 놓고 식구들을 부른다. 15분 정도 식사시간이 끝나면 자리를 정리하고 설거지 타임. 다음은 세탁기. 너라도 없었으면 내 어깨는 이미 집 나갔을 것이다. 돌려두고 장난감이며 책 정리 후 청소기 돌리는 타임. 이틀에 한 번 정도 돌리는 데 안 하는 날은 찍찍이로 청소하기. 그리고 나면 띠리릭~ 세탁이 끝났다는 소리가 난다. 베란다로 나가자 아이가 쪼르르 따라 나와 물감 놀이며 가루 놀이를 하며 실컷 어지른다. 자, 이제 베란다 청소 시작. 화장실에 가면 물때와 곰팡이만 눈에 들어온다. 창문틀에 수북이 쌓인 먼지, 정리해도 하루가 멀다 하고 쌓이는 물건들, 비움과 동시에 채워지는 쓰레기들. 그뿐인가. 아이의 각종 요구사항과 괴롭힘, 세탁소 일, 은행 일, 시장 볼 일, 시댁 일, 친정 일, 각종 모임. 하루가 끝나갈 즈음에 아이 잠재우기는 또 왜 이리도 힘든지. 이야기 들려달라, 물 마시고 싶다, 쉬하고 싶다, 갖가지 요구로 잠을 재우는 건지 깨우는 건지. 전업주부야말로 어렵고 복잡하고 끝나지 않는 일들이 매일 마구마구 자라는 그야말로 할 일이 풍년이로구나.

엄마는 희생의 아이콘이다. 남편, 아이들을 위해 희생해야만 하는 아이콘. 그렇지 않으면 대역죄인이라도 되는 듯 세상의 손가락질과 집안 어른들의 온갖 질타를 받게 된다.

어느 날, 친구가 나에게 물었다.

"너는 안 힘드니? 나는 힘들어 죽겠는데."

남편, 친정, 시댁의 도움이나 아이의 성향에 따라 다를 것이다. 가장 본질적인 문제는 바로 나 자신에게 있다. 나 자신부터 행복해질 마음의 준비가 되어 있는지 확인해야 한다. 친구가 힘든 건 다른 문제보다 바로 본인 마음 때문이었을 것이다.

아이가 행복하려면 엄마의 행복이 넘쳐서 그대로 아이에게 전달되어야 한다. 아이의 행복은 엄마에게 달려 있다. 그럼, 엄마는

어디서 행복을 찾아야 하나? 자기 자신이다. 자신을 지키는 것에서 행복을 찾아야 한다. 하지만 엄마라는 명함은 자신을 지키기가 어렵다. 나 자신에게 신경 쓰는 순간, 남편과 아이를 버린 못된 년이 된다. 그건 엄마가 되어본 사람만 알 수 있다. 그럼에도 불구하고 나는 엄마가 조금 더 이기적이길 바란다. 나 자신을 위해서, 결국 아이와 남편을 위해서 이기적이 되고 더욱 나를 지킬 줄 알아야 한다.

더 이상 희생의 아이콘이 아닌, 가정 행복의 아이콘이 되어야겠다.

8 년 묵은
책 벌 레

나는 컵라면을 좋아한다. 빨리 먹을 수 있고, 배도 부르고, 질리지도 않고, 맛있기까지 하다. 그런데 영양가가 없다. 자주 먹으면 오히려 몸을 해칠 수도 있다. 지금까지 내가 읽었던 책도 컵라면 과였다. 깊이 있는 독서가 아닌 인스턴트식 독서를 했다. 빨리 읽을 수 있는 책, 재미있는 책, 내가 이해할 수 있는 선에서만 허용된 독서. 무려 8년 동안.

사람이 그리 쉽게 변하지는 않는 법. 그 사실을 깨달은 지금도 역시 쉽고 영양가 없는 독서의 흔적이 남아 있긴 하다. 그래서 나는 지금 영양결핍 상태다.

학창시절엔 책에 관심이 없었다. 엄마가 사다 준 60권짜리 위인전 세트는 잉크가 형광등 불빛도 보지 못한 채 어디론가 버려졌다. 그런 와중에 나의 꿈은 국어 선생님이었다. 하지만 성적이 안 돼서 국문학과에 들어갔다. 학과에 입학하고 더 절실히 깨닫게 되었다. 난 국어에 소질이 없다는 사실을.

아이러니하게도 대학교까지 졸업하고 나서 책을 짝사랑하게 되었다. 직장생활을 하면서 내가 부족한 부분을 채우고 싶은 욕심에 책을 찾았다. 일 처리를 잘하는 법, 사회생활을 잘하는 법, 상사에게 보고하는 법, 오래 살아남는 법 등. 거기 쓰인 대로 하면 최고의 직장인이 될 수 있으리라는 환상에 책에 점점 빠져들었다. 책은 7년간 직장생활을 버틸 수 있게 해준 원동력이었다. 매년 100권씩 채우기가 목표였으니 제대로 읽지는 못했어도 다양한 책을 접했다.

2010년 3월, 연습장에 [10-01. 비서처럼 하라 (조관일)]이라고 적었다. 연도, 독서누적번호, 제목, 저자를 기록하며 책을 읽어온 지 올해 딱 8년이 되었다. 일하고, 밥먹고, 잠자고, 약속 자리 빼고는 틈틈이 읽어왔다. 지금 생각해보니 딱 내가 편하게 볼 만한 수준의 책만 골라 요리조리 잘도 찾아 읽어왔다.

친구가 뭐하냐고 물으면 난 늘 책을 읽고 있었다. 책을 좋아하니 내게 책 추천을 해달라고 한다. 나는 불행히도 추천해줄 책이 없었다. "이 책 읽었어?"라고 물으면 분명히 읽은 것 같은

#001_엄마가 되고 나를 잃고

데 기억이 나질 않는다. 분명히 책상에 앉아 바른 자세로 메모까지 하며 보긴 봤는데 내게 남은 게 없었다. 기록해둔 글을 보면 '분명 내 글씨가 맞는데 왜 기억이 안 나지?' 싶을 정도로 생소하고 낯설었다. 그저 책만 읽는 바보였다. 누가 나의 뇌에 블랙홀을 심어 놓았는가? 8년이라는 시간이 아깝지는 않다. 설사 책 제목만 남은 시간이었을지라도, 그마저 투자하지 않았다면 나는 지금 이 글을 쓰고 있지 못할 것이다.

엄마에게
책 읽는 시간은
사치다

 맘 편히 화장실 갈 시간도 없고, 머리 감을 시간도 없다. 앉아서 밥 먹을 시간도 없다. 그런데 책을 읽으라고? 글을 쓰라고? 라고 말할지도 모른다. 나는 남편이 애를 책임지고 봐주지도 않고, 전적으로 부모님이나 기관에 맡기지도 않는다. 아이는 전적으로 나 혼자 보고 있다. 그런 내가 나와 같은 전업주부 엄마들에게 "책을 읽자"라고 하면 도리어 "팔자 좋은 소리 하고 있다"라고 쏘아볼지도 모른다.

나도 화장실 문 앞에서 칭얼대는 아기가 있고, 머리는 떡져 있으며, 밥은 서서 양반김에 뚝딱 싸 먹고 만다. 그런 내가 글을 쓰겠다고 하니, 주변에서 그럼 아기는 어린이집에 보내야 하지 않겠냐고 했다. 눈 찔끔 감고 보낼 수도 있었다. 그런데 보내지 않은 가장 큰 이유는 내게 8시간의 자유가 주어진다고 해서 그 시간을 오롯이 글 쓰는 데만 집중할 자신이 없어서였다. 오히려 아이랑 있으면 글 쓰는 시간이 더 소중해져 집중력이 향상되는 효과가 있을 것이었다. 8시간 자유시간을 줄 테니 글 마음껏 써봐라 한다면, 허튼 짓만 하다 시간을 허비할 것 같았다. 결국 아이와 부대끼며 글을 쓰기로 마음먹었다.

글을 쓴다는 건 시간과 상관이 없다. 시간이 없어도 글을 써야 하고 시간이 남아돌아도 글을 써야 한다. 없는 사람은 글로 시간적 여유를 가져야 하고, 남아도는 사람은 글로 시간을 허비하지 않아야 하기 때문이다. 좀 더 진지하게 시간 도둑으로부터 우리의 시간을 지켜내야 한다. 나는 팔자 좋아서 책을 보는 게 아니라 살아남기 위해 책을 보고 글을 썼다. 바쁘면 바쁠수록 시간이 없으면 없을수록 책을 읽어야 한다. 책은 시간을 가치 있게 만들어준다. 책 따위가 나를 행복하게 만든다. 행복한 나는 아이와 남편을 행복하게 만든다. 남편과 아이는 또 주변 사람들을 행복하게 만든다.

책을 읽고 글을 쓸 수 있는 황금 같은 시간을 찾아보자.

스마트폰, 잠시 안녕!

나는 사실 스마트폰의 노예다. 스마트폰을 들고 있으면 온 우주를 손에 쥐고 있는 것 같다. 그 위력은 실로 대단하다. 책 읽는 것보다 스마트폰으로 기사를 검색하거나 카톡을 하거나 쇼핑하는 게 훨씬 재밌다. 시간도 후다닥 지나간다. 몇 개 보지도 않았는데 1시간이 훌쩍 간다.

눈 뜨며 시간을 확인하는 일부터 시작해 잠들기 전까지, 심지어 아이가 놀자고 조를 때도 휴대전화만 보고 있는 내 모습은 한심하기 그지없다. 나중에 아이에게 휴대전화가 생겼을 때 내가 말을 걸어도 거울처럼 똑같이 나와 같은 모습을 하고 있겠지? 벌써 두렵다. 남편은 나보다 더하다. 휴대전화로 영화까지 즐기는 능력의 소유자다. 아이는 아빠를 올라타고 소리치고 난리인데 아빠는 눈 하나 꿈쩍 않고 휴대전화만 쳐다보고 있다. 언제쯤 노예 신분에서 벗어나 휴대전화를 지배하며 살아갈 수 있을까? 휴대전화에 잠시 안녕을 고하자. 온종일이 아니다. 나도 그렇게는 못 산다. 잠시, 아주 잠시만.

- 집 앞 슈퍼 나갈 땐 휴대전화 두고 가보기
- 잠자기 전 휴대전화 대신 책 보기

- 아이랑 놀 때는 오는 전화만 받기
- 시간 보내기 용 '카톡' 보내지 않기
- 밥 먹을 땐 밥만 먹기

이 정도만 지키며 생활해도 휴대전화의 주인이 될 자격은 충분하지 않을까?

우리는 매일 글을 본다. 이렇게 많이 읽어도 되나 싶을 정도로 본다. 스마트폰을 통해. 지금 10분이 주어진다면 열 사람이면 열 사람 모두 스마트폰을 들여다볼 것이다. 너도나도 마치 약속이라도 한 듯 스마트폰에 빠져든다. 기사를 검색하고 쇼핑을 하고 내가 찾을 정보들을 검색하고 사람들과 연락을 한다.

그 시간의 10%만 책에 투자해보면 어떨까? 스마트폰 1시간 하고 남는 건 무엇인가? 내가 입고자 하는 옷 검색을 위해 쇼핑몰 다섯 군데 더 방문했다는 것? A양과 B군의 스캔들 기사를 꼼꼼히 정독한 것? 그 중 10%만 책에 투자해도 책은 우리에게 무궁무진한 가능성을 열어준다. 인터넷 기사를 통해 잠깐의 재미를 얻은 사람과 책을 통해 깨달음의 문으로 걸어가는 사람. 지금 10분씩이 모이면 10년 후의 모습이 얼마나 달라질까?

오늘 스마트폰으로 본 목록은 맘스 다이어리, 맘 카페 글 구경, 병원 예약, 다음 쇼핑 카테고리, 실시간 검색어, 드라마 기사 확인, 얼짱 엄마 인스타그램, 책 스타그램 등이다. 아직 더 봐야 할 목록은 많다. 하지만 매일 같은 목록들을 돌아가며 구경한다고 해서 내게 남은 건 무엇인가? 핫한 맛집? 잘 나가는 신제품? 그 집 행사? 남는 건 시력저하뿐이다.

뒤통수 맞은 이야기를 하나 하겠다. 스마트폰을 우리 손에 문신하게끔 만들어버린 '페이스북'의 창립자이자 최고경영자 마크 저커버그. 우리에게 그토록 재미있는 꿀을 선물해주고 정작 본인은 뭘 즐기는지 아는가? 바로 독서다. 심한 배신감이 느껴진다.

낮잠 충전기

아이가 낮잠 자는 시간은 내게 황금시간이다. 아이가 깨어 있을 때 책을 읽다가는 다 뜯겨나가는 참상을 보게 된다. 매일 아침이면 '어디로 가지?' 나갈 궁리만 한다. 부지런히 챙겨 외출을 감행하는 목표는 한 가지. 아이의 낮잠이다.

처음에는 아이의 낮잠을 위해 외출을 강행했지만, 계속하다 보니 더 좋은 점이 있다. 바로 아이와의 교감. 집에만 있으면 온종일 TV만 보거나 집안일을 핑계로 아이에게만 집중할 시간이 적다. 하지만 밖에 나가면 내 경우엔 거의 아이에게 집중한다.

이야기 나눌 거리도 많고 시간도 잘 간다. 그리고 집에 돌아오면 기다렸다는 듯 낮잠을 쿨쿨 맛있게 잘 잔다. 낮잠 재우는 데 스트레스를 받던 터라 잘 놀고 잘 자주는 아이가 너무 고맙다.

아이가 잠든 시간에 집안일을 하기엔 너무 아깝다. 빨래 널 때는 아이가 바구니에서 꺼내게 하고, 빨래를 갤 때는 양말짝을 맞춰보게 한다. 식사준비를 할 때는 아이에게도 엄마 밥 좀 차려달라고 주문한다. 그러면 쪼르르 소꿉놀이 주방으로 달려가 달그락 달그락 소리를 낸다. 내가 청소기 돌릴 때는 아이도 뽀로로 청소기로 밀며 뒤를 따라다닌다. 집안일은 아이가 깨어 있을 때도 충분히 할 수 있다. 정 안 되면 남편이 돌아올 때까지 기다리자.

그럼, 아이의 낮잠 시간에 나는 무엇을 할까? 나 자신에게만 써야 한다. 아이가 낮잠으로 에너지를 재충전하듯 엄마도 재충전을 해야 한다. 육체는 집 안에 갇혀 있지만, 마음은 언제든 세상 밖으로 나갈 준비를 해야 한다. 나는 아이가 잠듦과 동시에 모든 일을 정지하고 책을 집어 든다. 단 10분이라도 좋다. 잠깐이지만 책과의 만남은 나를 충전해준다.

내게 세상 밖으로 나갈 힘을 길러준 것은 늘 책이었다. 나는 이 시간엔 오로지 책을 읽거나 글을 쓴다. 이렇게 1~2시간 정도 책에 투자하고 슬슬 집중도가 떨어질 때쯤 아이가 "엄마~" 하고 깬다. 그럼 나도 "우리 아가, 잘 자고 일어났어요?" 하며 뽀뽀를 발사해준다.

서로에게 재충전 시간이 있다는 것은 아주 소중한 일이다. 그 시간에 무얼 할지는 여러분이 정했으면 좋겠다. 염두에 두어야 할 점은 단 한 가지. 오로지 나 자신을 위해 써야 한다는 것이다. 소중한 시간이 쌓여 빛나는 꿈을 이룰 수 있길 바란다.

그 외의 낮잠 재우기 팁

• 차 태워 카시트에서 재우기 (출발과 동시에 잠든 적이 많다. 잠들면 나무그늘 아래 세워두거나 주차장에서 책을 본다)
• 내가 먼저 잠들기 (내가 먼저 잠들어버리면 아이도 내 옆에 와서 곤히 자고 있다)
• 이불 그네 만들어주기 (남편 있을 때 몇 번 써먹었는데 꼭 두 명이 있어야 한다는 함정)
• 잠자는 내용이 있는 동화책 몽땅 읽어주기 (먹힐 때도 있고 안 먹힐 때도 있다)
• 낮잠 잘 때도 어두운 분위기 (암막 커튼 최고)
• 애착이불이나 인형 만들어주기 (애착이불을 내가 덮고 자면 뺏어서 스스로 덮고 눕는다)

자유부인

아이가 엄마랑 떨어질 수 있을 만큼 크면 아주 소중한 시간이 생긴다. 바로 아이가 어린이집에 가고 자유부인이 되는 순간, 학원이나 도서관, 문화센터, 쇼핑 등 마음껏 다닐 수 있다. 육아에 지친 내 삶에 한 줄기 희망이 보이는 그 순간.

> 친구: 미선이 자유부인 되면 뭐 할지 진짜 궁금하다.
> 나: 그러게. 나 뭐 할지 생각만 해도 가슴이 벅차오른다.
> 친구: 참, 그때쯤이면 둘째 키우고 있겠구나.
> 나: 아… 그래, 가슴이 벅차오르는 건 모유 때문이었구나.

'자유부인' 이야기를 나누다 이런 대화가 나와 한바탕 웃었던 기억이 난다.

자유부인이 되면 제일 먼저 하고 싶었던 일은 무엇이었는가? 염색? 파마? 네일아트? 대청소? 쇼핑? 병원? 학원? 문화센터? 아이를 기관에 보낸 친구들 이야기를 들어보면 "돌아서면 애 데리러 갈 시간이다" 라고 한다. 보내 놓고 설거지하고 청소하고 빨래하고 밥 먹고 커피 한잔 하고 한숨 돌리면 끝. 하지만 그 찰나의 시간이라도 혼자라는 사실이 얼마나 감사한가. 엄마들은 오늘부터 당장 책을 들어보자. 책을 좋아하지 않는 엄마는 아마 시간이 더디게 갈 것이다. 책을 좋아하는 엄마에게는 마음의 양식이 가득 쌓이게 된다.

나에게도 그 날이 어서 와주길. 막상 그 날이 코앞에 닿으면 많이 슬퍼질 것 같다. 나만 찾던 아이가 선생님, 친구들과 어울려 사회생활을 하고 오다니. 그 날이 오기 전까진 자유부인에 대한 꿈을 가득 키우고, 아이에게 최선을 다해 놀아줘야겠다. 천천히 빨리 와주렴, 자유부인.

드라마

드라마 하면 아줌마가 생각난다. 아침드라마는 특히 인기가 많다. 나는 아줌마들이 드라마보다 책을 읽었으면 좋겠다. 그러려면 어떡해야 하나? 드라마보다 재밌어야 하고, 배울 것도 많아야 하고, 보고 나면 기분 좋아져야 한다. 그 프로젝트에 일조하고자 나도 글을 쓰고 있다.

아무리 시간이 없다고 해도 30대인 나도 60대인 우리 엄마도 드라마는 꼭 챙겨본다. 우리는 아줌마기 때문에. 하루 중 가장 기다리는 시간일지도 모른다. 나는 얼마 전 〈피고인〉이라는 드라마가 끝나니 삶의 낙을 하나 잃은 기분이었다. 하지만 그

작품을 대체할 만한 새로운 드라마를 찾아 나선다. 죽기살기로 봤던 드라마가 끝나고 내게 남는 건 뭘까? 드라마는 내가 들어 갈 틈이 없다. 생각할 틈이 없는 것이다. 빠르게 진행되는 영상만 아무 생각 없이 따라가다 보니 뇌가 수동적으로 변한다.

재미에도 종류가 있다. 나를 망치는 재미와 나를 살리는 재미. 책에 재미를 느끼면 호기심을 가지게 된다. 나는 학창시절을 참 재미없게 보냈다. 호기심이 없었기 때문이다. 과학실험을 해도, 유적지를 가도 전혀 즐겁지가 않았다. 어떤 일에 호기심을 가지면 관심이 생긴다. 관심이 생기면 즐겁다. 그 즐거움을 단 한번도 찾을 수 없었다. 약간의 호기심은 민들레 홀씨 흩날리듯 퍼져나간다. 책의 매력에 빠진다면 그야말로 헤어나올 수 없는 재미있는 지옥에 입성하게 된다.

드라마를 아예 끊으라는 건 아니다. 이건 마치 밥만 먹고 치킨은 끊으라는 말과 같다. 그럼 삶이 팍팍해서 어떻게 살겠는가? 단지 드라마 챙겨보듯 책도 그렇게 챙겨보자는 말이다. 드라마는 1시간이니 책은 10분도 좋고 5분도 좋다. 드라마 챙기듯 매일 챙겨보면 덤으로 삶의 변화도 일어난다. 엄마들이 책 볼 시간이 없다고 한다면 드라마 챙겨볼 시간도 없어야 한다.

드라마를 본 엄마와 책을 본 엄마의 하루로 미래를 한번 비교해보았다.

〈드라마를 보는 엄마 vs. 책을 보는 엄마〉

- 드라마를 본 엄마는 재미를 느낀다.
- 책을 본 엄마도 재미를 느낀다.

- 송중기의 얼굴이 멋있다.
- 유시민의 뇌가 멋있다.

- 옆에 있는 남편을 보니 한숨이 푹푹 나온다.
- 옆에 있는 남편이 새삼 멋있어 보인다.

- 내일이 기다려진다.
- 내일이 기다려진다.

- 또 다음 드라마를 기다린다.
- 또 다음 책을 찾아본다.

- 끝나고 나면 허무하다.
- 끝나고 나면 하고 싶은 일들이 많아진다.

- 드라마만 보다가 벌써 50살이 되어버렸다.
- 책을 보며 50살이 되니 삶의 풍요로움이 더해진다.

- 자식들도 TV만 본다.
- 자식의 독서습관 덕분에 더 살맛이 난다.

- 내 인생 돌려줘.
- 마음에 늘 행복이 가득하다.

- 야속한 세월을 한탄하며 잠이 든다.
- 책으로 인류에 선함을 남기고 평화롭게 잠이 든다.

심 야 책 방 으 로
초 대 합 니 다

 전체 소등 35분째. 뒹굴기 104회. 아하하하하암.
하품을 3번 한다. 꿈버억 꿈버억. 눈꺼풀 내려앉는 속도가 점
점 느리고 무거워진다. 자, 이제 속으로 다섯을 센다. 5,4,3,2,1.
쌔근쌔근, 쿨쿨. 오케이, 앗싸! 퇴근이다. 이불을 덮어주고 세
상에서 가장 조용한 발걸음으로 아이 방을 빠져나온다.
딸깍! 스탠드 불이 켜진다. 고요한 거실. 곳곳에 열심히 놀아준
흔적이 가득. 너덜너덜해진 자아를 이끌고 의자에 털썩 앉는
다. 엄마의 심야책방 오픈.

아이를 낳고 구매하는 책은 나를 위한 게 아닌 아이들을 위한
책뿐이다. 아이들 책은 차고 넘쳐 책장 하나를 더 마련해야 할

지경인데, 정작 엄마를 위한 책은 몇 권이나 있을까?

엄마는 아이가 똑똑하고 건강하고 행복하게 자라길 바란다. 그런데 아이만 책을 좋아한다고 해서 잘 크는 건 아니다. 아이에게 가장 중요한 영향을 주는 사람은 엄마다. 아이 책 살 때 10%만 본인에게 투자하자. 엄마도 책을 읽고 행복해져야 한다. 엄마가 책을 읽어야 하는 이유다.

읽을 시간도 없는데 책은 사서 뭐해? 라고 생각할 수도 있다. 책은 장식으로라도 구비하는 게 좋다. 어쩌면 평생 읽지 않을 수도 있다. 하지만 그 책을 고르면서부터 책에 대한 기대감을 갖고 자신이 왜 이 책을 골랐는지에 대해 생각할 수 있으니 그것만으로도 충분하다. 책을 사고 책장에 꽂아두는 순간, 내 마음 한켠에 저장해 두었으니 필요할 때 언제든 꺼내 볼 수 있다. 필요한 순간이 분명히 올 것이다.

내 서재에는 읽지 않은 책이 가득하다. 5층짜리 책꽂이 3개가 있다. 책은 이사를 자주 다닌다. 제대로 된 정리법을 찾지 못한 탓이다. 지금 정리된 서재를 소개해 보자면 첫 번째 칸에는 '인생은 한 편의 소설'이라는 메모를 붙여 두었다. 남편이 총각 시절 읽었던 소설이 있다. 이외수, 공지영, 황석영 작가의 책이 있는 걸 보니 이 분 왕년에는 책 좀 읽으셨나 보다. 나는 소설을 즐겨 읽지 않았다. 지금도 많이 읽는 편은 아니다. 대신

'읽어야 할 소설' 칸에는 좋아하는 소설로 가득 차 있다. 아직 읽지 않았지만 죽기 전에는 꼭 읽고 싶은 소설이 기다리고 있다. 《오베라는 남자》《노르웨이의 숲》《왜 나는 너를 사랑하는가》 등. 지금보다 나이가 더 많이 들었을 때 심심할 것 같아 그때 읽으려고 아껴둔 것도 있다. 핑계이기도 하다.

다음 칸은 '부자 됩시다' 테마다. 《4개의 통장》《한국의 부자들》 등 경제 관련 책이 꽂혀 있다. 남편은 전문가 수준의 아마추어 경제 박사다. 어찌나 계산기를 두들겨대시는지 누가 보면 제법 돈 많은 줄 알 것이다. 돈은 많지 않아도 비싼 술값으로 돈 펑펑 써대는 남자들보단 나으니 이참에 계산기 하나 최신형으로 바꿔드려야겠다.

밑에 칸 테마는 '좋은 부모가 됩시다'이다. 이유식 책부터 엄마표 영어, 아이 키우는 방법 등 육아서가 즐비하다. 멋모를 땐 육아서만 읽으면 100점짜리 아이로 키울 수 있을 것 같았다. 이제 책과 실전이 다르다는 걸 안다. 아이의 성향에 따라 모든 게 다르기 때문이다. 육아서를 읽고 당장 내 육아방식이 바뀌지는 않는다. 하지만 반성도 하고 조금 더 나은 방향으로 나아갈 수 있다면 꾸준히 읽어보는 것이 좋다.

'꿈은 이루어진다' 테마 칸에는 자기계발서가 가득하다. 공병호, 김병완, 이지성 작가의 책이 많다. 자기계발서가 질리지 않는 걸 보니 나는 아직 배워야 할 게 너무 많다.

작은 칸에는 '여행 갑시다' '쉽시다' '건강합시다'로 채웠다. 내가 가장 애정하는 칸은 '새로 온 책'이다. 따끈따끈한 새 책이 오면 이쪽으로 모셔둔다. 이 칸은 늘 비지 않게 한 달에 한 번꼴로 채우는 편이다. 평생 이 재미만은 끝나지 않게 돈도 바닥나선 안 되고 나를 설레게 하는 책도 바닥나지 않길 바란다.

얼마 전 '고전' 칸을 새로 만들었다. 솔직히 고전은 술술 읽을 자신이 없다. 예전엔 이런 고리타분하고 지루한 걸 왜 읽는 거야? 라고 생각했다. 그런데 책을 읽다 보니 꼭 한 번은 거쳐 가야 한다는 생각이 들었다. 민음사에서 나온 세계문학 전집을 세트로 사면 쌀 것 같아 남편에게 얘기했지만 가차 없이 퇴짜 맞았다. 그는 나를 너무 잘 안다. 한꺼번에 사 놓으면 당장 다 읽을 것도 아니다. 그렇다고 아이들이 커서 읽으려 해도 그때 되면 다 헌 책이 돼서 보기 힘들 테니 그냥 한 권씩 읽고 싶을 때 사서 보시오, 라고 내게 충고했다. 틀린 말이 아니기에 받아들였다. 그래서 한 권 두 권 채워나가고 있다. 읽은 건 그 중 제일 얇은 《인간 실격》뿐이다. 시작은 미약하나 끝은 창대하길. 앞으로 역사, 시, 철학, 미술 등 채워야 할 칸들이 많이 남아 있다. 책장은 물론이고 내 마음도 삶의 여러 의미들로 풍요롭게 채워지길 바라본다.

참, 여기서 하고 싶은 말은 우리 집에도 큰 책장이 3개 있지만, 그 절반은 아기 책이다. 독자 여러분의 집에는 어른 책이 몇 %나 차지하고 있는지 궁금하다. 아이를 사랑한다면 그만큼 책장에 나를 위한 책도 채워보기 바란다. 왜냐면 그게 아이를 사랑할 본질적인 방법이기 때문이다. 책꽂이가 없어도 좋고, 단 한 권이라도 좋다. 나만의 서재를 만들어보길 바란다.

그렇다면, 어떤 책이 좋을까? 읽고 싶은 책을 고르려면 먼저 확인해야 할 게 있다. 나의 욕구다. 나를 잘 알아야 한다. 어떤 문제든 나를 알고 나면 답은 의외로 쉽다. 회사생활을 할 때 나는 업무에 도움이 되는 책, 인간관계에 관한 책을 주구장창 읽었다. 지금은 일이나 인간관계에 대한 책은 잘 읽히지 않는다. 사실 눈길도 안 간다. 다시 회사로 돌아갈 수 있을까? 없을 것 같다는 생각이 든다.

사람마다 욕구가 모두 다르기 때문에 책을 추천하는 건 아주 어려운 일이다. 그래서 살짝 걱정이 되지만, 다음 장에서 엄마로 살면서 내 욕구를 채워준 책을 소개하고 추천해보려 한다. (하지만 내 욕구와 이 책을 읽고 있는 엄마들의 욕구가 잘 맞을지 여전히 숙제로 남는다)

엄마를 위한 책이라고 해서 육아서를 소개할 생각은 없다. 세상 모든 육아에는 정답은 없다. 물론 안 읽는 것보단 읽는 편이 훨씬 낫지만 '4살 아기 훈육법' '엄친아 만들기' '사교육 없이 서울대 보내는 법' 이런 육아서에는 아이를 대하는 태도의 단편적인 모습만 알려주고 있다. 오히려 비교만 되고 나는 한참 모자라고 나쁜 엄마라는 죄책감에 시달린 적도 있다. 아이 문제는 모두 엄마 탓이라고 한다. 그런 답만 내놓을 뿐 근본적인 문제는 해결하지 못한다. 아이를 대하는 엄마의 단면만 공부해서는 절대 좋은 엄마가 될 수 없다.

좋은 엄마이기 전에 좋은 사람이 되어야 한다. 좋은 엄마는 좋은 사람의 단면일 뿐이다.

내 마음을 읽어주는 책, 흥미도 있고 메모할 거리도 많고 소장 가치도 높으며 3번 이상 읽었고, 앞으로 10번은 더 보고 싶은 책을 골라봤다. 이 책들은 엄마라는 틀 안에 갇혀 소멸할 뻔했던 나를 밖으로 꺼내 세상으로 연결시켜 주었다. 물론 '김미선'이라는 한 개인의 욕구 충족 리스트에 불과하지만, 내가 변화하는 모습을 통해 당신도 자신을 만족시킬 만한 책을 찾길 바란다.

그럼, 이제 아이가 잠든 후 나를 위로해주고 자유롭게 해주었으며 인생의 피난처이자 평범한 일상도 특별하게 만들어주었던, 나를 지키는 비밀무기가 되어준 책이 가득한 〈엄마의 심야책방〉으로 여러분을 초대합니다.

책 읽는 습관을 기르는 것은
인생의 모든 불행으로부터
스스로를 지킬 피난처를 만드는 것이다.

- 서머셋 모옴

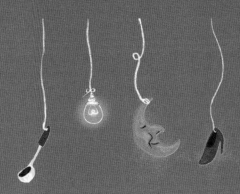

#002

엄마의
심야책방

．

．

．

．

엄 마 의 심 야 책 방

결 혼 생 활
지 침 서

《스님의 주례사》, 법륜 스님

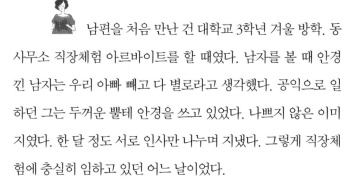 남편을 처음 만난 건 대학교 3학년 겨울 방학. 동
사무소 직장체험 아르바이트를 할 때였다. 남자를 볼 때 안경
낀 남자는 우리 아빠 빼고 다 별로라고 생각했다. 공익으로 일
하던 그는 두꺼운 뿔테 안경을 쓰고 있었다. 나쁘지 않은 이미
지였다. 한 달 정도 서로 인사만 나누며 지냈다. 그렇게 직장체
험에 충실히 임하고 있던 어느 날이었다.

계장님의 심부름으로 은행에 갔다. 은행 직원과 트러블이 생겼
다. "서류를 왜 이따위로 가져왔냐!" 뭐 그런 식이었다. 아니,
나는 서류 전달 심부름만 왔을 뿐인데 내가 왜 이런 말을 들어
야 하지? 너무 분했다. 울분을 참고 코를 씩씩거리며 동사무소
로 돌아왔다. 심부름을 시킨 계장님께서 "학생, 많이 놀랐지?"

라고 하시는 순간, 꾹꾹 눌러왔던 설움이 복받쳤다. 나름 첫 사회생활이라며 긴장하고 지냈던 것들이 한꺼번에 터지고 말았다. 화장실로 달려가 펑펑 울었다. 집에 와서 엄마한테 오늘 있었던 일들을 실컷 쏟아내고 있는데 '띠리링' 문자가 왔다.

"오늘 같이 우울한 날엔 한가한 공익을 찾아주세요."

'누구지?' 한참을 생각했다. 누구지? 어? 설마… ;;;

우리의 만남은 그렇게 시작되었다. 동사무소 화장실은 남,녀가 벽 하나로 나눠져 있었는데, 천장은 뚫려 있었다. 나를 따라오진 못하고 남자화장실에서 내가 우는 소리를 듣고 마음이 안 좋아 그때부터 나를 지켜줘야겠다고 생각했단다. 나에 대해 아는 건 업무상 주고받던 메일주소 뿐이었는데, 내 메일주소가 핸드폰 번호였다. 후훗, 그래서 혹시나 하는 마음에 문자를 보냈다고 했다.

처음엔 작업 전문 바람둥이인 줄 알았다. 그런데 무슨 멘트가 이렇게 구식이냐. 남편은 연애가 처음이었다. 나는 좋을 땐 천사처럼 굴다가도 하나라도 마음에 안 들면 얼음장처럼 돌변해버린다. 나의 냉기와 열기를 적절히 덜어가며 적당한 온도를 만들어준 그대. 지금 생각해보면 내게 처음 연락했던 날, 그는 엄청난 용기를 냈을 것이다. 그렇게 7년을 연애하고 변함없는 그

#002_엄마의 심야책방

의 모습에 결혼을 결심했다. 이 정도 만났으면 서로 싸울 일이 없을 줄 알았다. 그런 생각이 무색하게 결혼 5년 차인 지금도 하루가 멀다 하고 다툰다.

결혼은 혼자 살아도 외롭지 않고, 같이 살아도 귀찮지 않을 때 해야 합니다. 가장 바람직한 방법은 스스로 정진하고 수행을 해서 완전한 사람끼리 만나면 훨씬 관계가 부드러워집니다. 그때 비로소 결혼이 서로를 속박하지 않게 됩니다.

이대로 괜찮을까? 당신과 나 사이. 아슬아슬 살얼음 위를 걷듯 언제 깨질지 모르는 이 생활. 언제까지 버틸 수 있을까? 묻어두기엔 내 속이 문드러지고 터트리기엔 두 사람 다 아니, 아이까지 셋 모두에게 상처가 될 뿐이다. 과연 이 사람과 평생을 함께 살 수 있을까? 지금이라도 헤어지는 것이 서로를 위해 더 나은 삶이지 않을까? 타인에게는 별로 까다롭지 않은 내가 남편에게는 유독 엄중한 잣대를 댄다. 내 기준에 조금만 서운하고 불편하면 그걸 바로 표출하고 불같이 화를 낸다. 그냥 넘어가는 일이 없다. 그래서 내 친구들은 미선이 남편은 '극한 직업'이라고 말한다. S씨, 전생에 나라를 팔아먹었냐며….

집착이 강한 것은 의지심이 강하기 때문이예요. 수행은 이런 의지심을 버리는 거예요. 남편에 대한 집착을 놓으려면 인생관이 바뀌어야 합니다. 남편이 돈을 얼마나 벌어오느냐, 나를 얼마나 사랑해 주느냐, 술은 얼마나 먹느냐, 집에 언제 들어오느냐 등등 남편의 일거수일투족이 나의 희로애락을 좌우하는 데서 벗어나야 합니다.

5년을 살면서 이혼까지 생각한 적이 몇 번 있다. 연애 시절엔 내 말이라면 하늘의 별이라도 따올 기세였다. 대부분의 남자가 그러하듯. 그리고 결혼 후 본색을 드러낸다. 잡은 물고기에겐 먹이를 주지 않는다고 했던가? 싸움은 늘 유체이탈 대화로 시작된다. 사기 결혼 당한 기분. 내가 왜 이런 사람하고 결혼했을까?

결혼생활을 잘하려면 상대에게 덕 보려고 하지 말고 '손해 보는 것이 이익이다'는 것을 확실하게 알고 새겨야 합니다.

〈경제면〉 아이를 임신하고 안정기에 접어들었을 때, 태교 여행을 떠나기로 했다. 시간이 많은 내가 갈 만한 곳을 알아보기로 했다. 틈틈이 인터넷 검색을 하고 지인에게 물어가며 제주도 곳곳을 뒤졌다. 지도를 뽑아 경로를 정하고 입장 가능 시간, 비가 올 경우를 대비해 실내에서 즐길 만한 곳도 준비했다. 숙박비, 교통비, 식비, 입장료가 있는 곳은 홈페이지를 일일이 조사해 총예산도 꼼꼼히 기록했다. 가보고 싶은 곳은 너무 많았으나 다음을 기약하며 추리고 또 추려냈다. 나름 뿌듯한 마음으로 작성한 계획표를 남편에게 내밀었다. 남편은 나의 노고는 털끝만큼도 생각하지 않은 채, 맨 밑칸 총 예상경비 금액만 딱 보더니 "여길 다 가야 돼?" 라고 말했다.

임신하고 입덧으로 직장을 그만두었다. 내가 돈을 벌지 않고 있어서였을까? 아니면 임신 호르몬 때문이었을까? 뱃속 아이와 함께하는 첫 여행. 그리고 오랫동안 하지 못할 둘만의 여행. 그 설렘이 순식간에 산산조각이 났다. 나는 계획표를 찢어버렸다. 그리고 밤새 울었다. 다음 날 남편은 출근하고 퇴근 후에는 동기모임이 있었다. 임산부의 몸으로 버스를 타고 다른 동네로 갔다. 밤거리를 걸었다. 답답했다. 너무 분하고 억울했다. 이혼을 생각했다.

남자들은 돈 벌어오는 사람이고, 여자들은 집에서 펑펑 놀면서 돈만 펑펑 쓰는 사람인가. 나는 남편의 월급에 기대 사는 사람이었다. 그들의 뇌 속에 침입해 의식구조를 바꾸어주지 않는 이상, 그들의 생각은 죽을 때까지 바뀌지 않을 것이다. 말싸움 해봐야 감정싸움으로 격해진다.

"네가 집에서 하는 일이 뭐냐?"

"내가 밖에서 얼마나 힘들게 돈 벌어 오는지 알아?"

"그럼 너도 나가서 돈 벌어와."

며칠 전, 〈한끼 줍쇼〉라는 프로그램을 봤다. 한 가정의 남편이 이렇게 말한다. "내가 벌어온 돈은 명의만 내 명의로 들어오는 것이지 우리 가족의 월급이다."

훌륭한 생각이다. 모든 가정의 가장들이 새겨들어야 할 말이다. 남편은 밖에서 아내는 집에서 같이 돈 버는 것이다. 그게 싫었으면 결혼을 하지 말았어야지. 결혼하고도 그런 보수적인 생각을 갖고 있는 건 명백한 사기 결혼이다.

부부는 함께 살지만 서로의 마음을 가장 모른다는 것입니다. 바로 이것을 두고 '동상이몽(同床異夢)' 이라고 합니다. 몸은 한 곳에 머물러도 마음은 서로 다른 생각을 품고 다른 곳을 바라보고 있습니다. 그래서 서로 무엇을 원하는지 모르는 것입니다. 알려고 대화를 나누지도 않습니다. 아내(남편)의 마음을 모르니 상대가 원하는 대로 해줄 수가 없습니다.

〈사회면〉

"술 좀 작작 마시고 다녀!"

"제발 일찍 좀 기어들어 와라."

결혼 서약서에 남자들은 살찌우기로 한 조약이라도 있나? 우리 남편은 결혼 후 12kg이 쪘다. 총각 때는 소주 한 잔 하라고 하면 그 쓰디쓴 것을 왜 마시는지 모르겠다며 질색을 하던 사람이었다. 그런데 지금은 1병은 기본이다. 사회생활을 시작하면서 회식도 가고 마시기 싫은 자리에서 억지로 마셔가며 술맛을 알아버린 것이다.

회사가 일하러 가는 곳이지 술 마시러 가는 곳인지. 무슨 회식과 모임이 그렇게도 많은가. 회사마다 회식 문화도 다 다르긴 하다. 그런데 못 놀고 죽은 귀신 붙은 사람처럼 날이 새도록 노는 사람들이 꼭 있다. 1차 삼겹살, 2차 스크린 야구, 3차는 맥주, 4차 당구, 5차 해장국에 해장술까지. 동이 틀 때까지 놀아주신다. 그래도 이 정도면 건전한 편일까? 단란한 곳 안 가는 것만으로 감사해야 하나?

《하루 30분》 책을 보면 가장 좋은 회사는 '가족 같은 회사가 아닌 가족을 위한 회사'라는 말이 나온다. 이 내용을 사훈으로 걸면 우리나라의 가정불화는 반으로 줄어들 것이다.

회식 후 귀가시간이 늦어질수록 슬슬 성질이 난다. 그리고 와서 말다툼 하면 내 잘못도 있고 남편 잘못도 있다. 부부싸움은 언제나 이기는 사람도 지는 사람도 없이 똑같이 상처만 남긴다. 누구를 위한 싸움인지 모르겠다. 시작은 늘 술이다. 나는 술 마시는 것에는 관대한 편이다. 친정 아빠도 좋아하시고, 남편도 좋아하고, 예전에 나도 술꾼(?)이었기 때문이다. 그래서 남편이 집에서 술 마시는 것도 '밖에서 안 마시는 게 어디냐' '회사 일이 얼마나 힘들면 저럴까' 라는 생각으로 맛있는 안주를 준비해 내가 먼저 권하기도 했다.

그렇게 하루 이틀이 한 주가 되고 한 달이 되었다. 술을 마신 날보다 안 마신 날을 찾기가 더 힘들어졌다. 나는 점점 무서워졌다. 이러다 남편이 알콜 중독자가 되면 어쩌지? 술을 즐기는 게 아니라 술 없인 못 사는 사람이 되면 어쩌나. 그건 정말 폐인 아닌가. 술 때문에 싸우는 나날들이 지겨워진다. 우리 이대로 살 수 있을까?

상대방을 있는 그대로 인정하고, 그 사람 편에서 이해하고 마음 써줄 때 감히 '사랑' 이라고 말할 수 있습니다.

〈**생활면**〉 알고 지낸 지는 12년, 결혼한 지 5년차. 여전히 사소한 것에 짜증나는 부분이 있다. 남편은 양치할 때 분명 칫솔 통에서 칫솔을 꺼내지만, 양치가 끝난 후엔 늘 세면대 위에 칫솔을 둔다. 면도기도, 치약도, 세면대 위에 둔다. 분명 누군가 제자리에 넣으니 다시 양치할 때 칫솔 통에서 꺼내 쓰는 것일 텐데 어떻게 5년을, 하루에 집에서 양치를 아침 저녁 두 번만 한다 치면 2회×365일×5년, 자그마치 3,650번 동안 단 한 번도 제자리에 넣어보겠다는 의지 없이 세면대 위에 두었느냔 말이다.

어떻게 생각하느냐에 따라 선택이 주는 행복과 불행은 달라집니다. 자기의 삶을 늘 즐거움으로 받아들이고 늘 놀이로 생각하세요. 이게 가능할 때 인생도 행복해집니다.

나는 청소를 할 때 작은 것 하나라도 다 제자리를 찾아주거나 버린다. 종이 한 장도 남김없이. 아침에 청소를 하면서 보니 TV선반 위에 두꺼운 종이 두 개가 놓여 있었다. 그래서 다 버렸다. 잠시후, 남편이 와서 물었다.
"어? 여기 놓여 있던 오케이캐시백 모아둔거 어디 갔지?"
"앗, 그거 오케이캐시백이었어?"

한 장당 300원씩 두 장, 600원을 버렸다며 다음 달 내 용돈에서 제외하겠단다. '누가 그걸 선반 위에 올려두래? 흥.'

남편도 내 생활방식에 불만이 많다. 과일껍질 대충 많이 깎는 것, 빨래 대충 개고 대충 너는 것, 설거지할 때 대충해서 물 많이 튀기는 것 등. 뭐든 대충 하는 것. 수백 번을 지적 받아도 쉽게 고쳐지지 않는 소소한 습관들. 누가 들으면 그게 무슨 싸움거리라고, 하면서 비웃을지도 모른다. 하지만 소소한 불만들이 쌓이고 쌓이면 커다란 벽을 이룬다.

만약 같이 살 거면 상대를 그냥 날씨나 꽃처럼 생각하세요. 피는 것도 저 알아서 피고, 지는 것도 저 알아서 질 뿐, 도무지 나하고 상관없이 피고 지잖아요. 다만 내가 맞추면 돼요. 꽃 피면 꽃구경 가고, 추우면 옷 하나 더 입고 가고, 더우면 옷 하나 벗고 가고, 비 오면 우산 쓰고 간다고 생각하면 아무런 문제가 없습니다.

사실 책을 읽으면서 설렁설렁 넘긴 부분도 많다. 여자가 참아야 한다는 식의 말씀에 뾰루퉁해지기도 했다. 마음속 불만들이 꿈틀꿈틀 새어나와 온전히 받아들일 수 없는 내 자신이 아직 멀었구나 싶기도 했다. 그래서 이 책은 부부 사이가 안 좋을 때 읽는 것은 오히려 권하지 않는다. 좋을 때 읽어두었다가 안 좋은 일이 생겼을 때 어렴풋이 기억을 떠올려보는 것이 좋을 것 같다. 또 나는 기독교이기 때문에 이 책을 넣어도 되나? 라는 망설임도 있었다. 그럼에도 마음에 꽂히는 구절들이 많았고 깨달음을 얻을 수 있는 부분이 많았기에 소개해본다.

"한 생각이 일어나니 만법이 일어나고, 한 생각이 사라지니 만법이 사라지네." 원효대사는 이렇게 노래한 다음 당나라 유학을 포기했습니다. 진리가 인도에 있는 것도 아니고, 중국에 있는 것도 아니고, 바로 자기 마음 안에 있다는 사실을 확연히 발견한 겁니다.

평생의 동반자로 결혼을 약속했던 이 남자. 몇 년을 살아보니 평생 함께하리라 장담은 못하겠다. 하지만 그와의 끝없는 다툼과 용서, 사과와 화해. 이 끝없는 굴레 속에서 얻는 스스로의 깨달음으로 더 나은 나와 당신이 될 수 있길 기도해본다. 그 안에서 평생 함께하리라는 소망을 가져본다. 욕심으로 가득 찬 세상의 어리석은 부부들이 《스님의 주례사》를 통해 자유롭고 행복하길.

기도를 하게 되면 자기의 마음이 분명해지고, 그러다 보면 상황이 변합니다. 더 이상 이 문제로 고민할 필요도 없을 만큼 상황이 딱 변해 버리는 거예요. 그러니 복잡할 땐 기도를 하세요.

p.s. TV만 좋아하던 남편. 이 원고를 읽고 나더니 《스님의 주례사》 책을 달라고 한다. 그리고 읽기 시작했다. '펜(글)은 칼(부부싸움)보다 강하다' 라는 '글'의 기적 같은 힘을 새삼 깨닫게 된다. 여보, 사랑해요.

느닷없는
향상심 투척

《갈매기의 꿈》, 리처드 바크

지난해 봄, 마산 돛섬에 갔다. 가기 며칠 전부터 아이에게 "우리 배 타면 갈매기한테 모이를 주자" 며 흥을 돋워 놨다. 아니나 다를까 갈매기들은 배가 출발하자마자 무섭게 배 뒤로 몰려들었다. 떠나지 않는 갈매기 덕에 아이는 가는 내내 먹이 주며 즐거워했다. 소기의 목적을 달성한 나는 뿌듯한 마음과 함께 떼로 달려와 준 갈매기에게 고마웠다.

그 뿌듯했던 광경에 다른 면은 생각지도 못했다. 이 책을 읽기 전까진.

모든 갈매기는 날기 위해 태어난다. 하지만 현실에서 그들에게 중요한 건 나는 것이 아니라 먹는 것이다. 오직 먹는 것. 고깃배만 쫓아다니며 밑밥을 먹으려 수천 마리의 갈매기들은 아침부터 아우성이다.

하지만 조나단은 그 틈에 있지 않다. 혼자 따로 떨어져 하늘을 나는 연습을 한다. 더 높이 날기 위해 안간힘을 쓴다. 자신의 한계를 뛰어넘는 건 살이 찢어지는 아픔을 참는 것이다. 온몸이 아파서 부들부들 떨리고, 자신의 몸을 감당하지 못해 죽게 될지도 모른다.

위험에도 불구하고 조나단은 뼈와 깃털만 남은 몸으로 나는 연습을 한다. 그리고 마침내 최초로 곡예비행을 하는 갈매기가 된다. 성공의 기쁨도 잠시, 조나단은 갈매기 회의에서 수치스러운 행동을 한 벌을 받게 된다. 분별없고 무책임한 행동으로 무리의 전통을 파괴했다는 것이다. 곧 갈매기 무리에서 멀리 쫓거나 절벽에서 홀로 살아야 했다.

1년에 300일은 메뉴만 살짝 다른 똑같은 일상을 반복한다. 엄마는 하루 3끼를 위해 부지런히 움직인다. 만들고 차리기만 하면 끝이 아니다. 달래고 윽박질러가며 밥을 먹인다. 흘린 밥알, 국물, 반찬들, 젓가락이 지나간 흔적을 박박 닦아낸다. 빈 그릇을 옮겨 설거지통 앞에 서서 한참을 그릇과 사투를 벌인다. 그리고 또 내일을 준비한다.

누구도 이것보다 더 중요한 삶이 있다고 말해주지 않는다. 내가

〈전업주부의 하루〉

오전 07시   어제 먹다 남은 된장국, 계란후라이, 김

오전 08시   남편 출근 & 아이 기상

오전 09시   설거지, 청소, 빨래 주부 놀이 3종 세트

오전 11시   낮잠을 위한 놀이

오전 12시   야채볶음밥, 계란국, 장조림 & 설거지

오후 02시   낮잠. 안 자면 슬슬 짜증이 오름

오후 04시   핫도그, 과일 주스 간식

오후 05시   EBS 시청. 교육적이라 생각하는 만화

오후 07시   아빠 등장

오후 08시   김치찌개, 계란찜, 소시지

오후 09시   빈둥빈둥 재우기 모드 준비

오후 10시   취침

들는 말은 아기 밥은 먹었니? 잘 노니? 낮잠은 잤니? 그뿐이다. 마치 내가 존재하는 이유가 그뿐인 듯. 아이를 키우며 가장 힘든 건 반복된 일상이다. 그 안에서 나를 잃어간다.

'집에서 애 보는 게 뭐가 그리 힘드냐?' '남들 다 하는 거 왜 너만 힘드냐?'고 생각할지 모른다. 안 겪어본 사람들은. 겪어봤어도 지나간 사람들은. 아이는 너무 사랑스럽지만 온종일 아이에게 빼앗긴 에너지는 방전된다. 혼자 감당해야 하는 부담감과

외로움이 나를 힘들게 한다. 남편이 퇴근 후 귀가해 아무것도 하지 않아도 아이에게 쓰는 신경은 반으로 줄일 수 있다. 그래서 남편을 더 기다리게 된다. 더 큰 문제는 퇴근 시간이 없다는 것. 뒤척이지는 않는지, 이불은 잘 덮고 자는지, 기침하는지, 엎드려 자지는 않는지. 연장근무는 아이가 잠든 후에도 계속된다. 이런 일상에서

"네 꿈을 가지고 있니?"

"지금보다 나은 삶이 있지 않을까?"

"엄마 놀이 말고 하고 싶은 건 뭐야?"

라고 묻는다면 질문 자체가 비난의 대상이 될 거다. 팔자 늘어진 소리라고. 엄마들 무리에서 수치스러운 생각으로 조나단처럼 벌을 받게 될지도 모른다. 수다 모임에 참여할 수 없는 벌. 그때 조나단은 우리에게 말한다.

"더 높은 삶의 의미와 목적을 찾아서 실천하는 갈매기보다 더 책임감 있는 갈매기가 또 어디 있단 말입니까? 수 천 년 동안 우리는 생선 대가리나 쫓으며 살아왔습니다. 이제는 살아가야 할 다른 이유가 생겼습니다. 배우고, 발견하고, 자유로워질 수 있습니다."

지금 당장 현실을 벗어날 순 없지만 작은 두드림을 통해 또 다른 나를 발견할 수는 있다. 오늘 나의 하루는 무엇을 위해 움직였는가? 오직 먹기만을 위해서였나? 지금보다 더 높은 미래를 위해서였나?

전업주부는 오직 먹을 것만 쫓는 갈매기로 살아야 하는 운명일까? 새로운 세상을 깨닫는다 할지라도 지금 당장 현실을 내팽개칠 수는 없다. 나만의 운명을 찾아 떠나는 것은 무책임하다. 나 역시 오늘도 꼼짝없이 집 콕하며 독박육아를 감당해야 할 운명이다. 반복된 일상 속에서 배우고, 발견하고, 자유로울 수 있는 살아야 할 다른 이유를 찾아야 한다. 집 안에서도 꿈꾸고 준비할 수 있는 무언가를. 그게 바로 책이다.

향상심. 내일은 오늘보다 더 나은 삶을 살겠다는 마음.

집에 갇힌 엄마들은 늘 똑같은 일상 속에서 향상심을 갖기가 힘들다. 성과가 나거나 남의 눈치를 봐가며 일하는 것이 아니기 때문이다. 승진도 없고 월급도 없다. 남편은 사회적으로 성장하고 자식도 하루가 다르게 성장을 한다. 나는 집이라는 울타리에 갇혀 성장은커녕 나를 갉아먹으며 살고 있다. 엄마라는 이름으로 하루하루를 버티며 말이다.

인간과 동물은 비슷하면서 다르다. 닮은 점은 아침이 되면 일어나서 활동한다. 배고프면 밥을 먹는다. 다시 잠이 오면 잔다.

사랑받고 싶어 한다. 일도 한다. 수많은 비슷한 점들 때문에 동물은 인간의 사랑을 받는다. 동물도 인간을 사랑해준다. 이 점도 같은 점이다. 그런데 다른 점이 한 가지 있다. 바로 공부를 하고 생각한다는 것이다. 인간은 끝없이 배워야 한다. 배움이 부족해지면 우리는 동물과 더 비슷해지고 만다. 그 시작은 바로 독서다.

부모는 책을 통해 삶을 변화시키고 매일 행복을 만들 줄 알고 주변까지 선한 영향력을 끼쳐 성장해야 한다. 즉 날마다 성장하는 사람이 되는 것이다. 새벽까지 공부하라는 게 아니고 책상 앞에만 앉아 있으라는 것도 아니다. 그저 하루 한 줄이라도 책을 읽으면 된다. 물론 아이는 뒷전이고 책만 보면 문제가 된다. 아이는 자신이 책에 밀린 2인자라고 생각하고 책을 더 싫어하게 될지도 모른다. 나는 아이가 공부를 잘하는 아이가 되길 원하지는 않는다. 하지만 책을 많이 읽어 세상을 살아가는 데 어려움이 닥치면 그 어려움을 잘 헤쳐나가는 사람이 되길 바란다. 그리고 그 삶에는 분명 책을 통한 성장이 필요하다.

책은 우리를 더 나은 길로 인도한다. 그 한 가지만 마음에 품고 있어도 손에서 책을 놓지는 않을 텐데. 같은 일만 반복한다고 그대로 눌러앉아 있기엔 내 인생이 너무 아깝지 않은가? 모든 문제의 답은 내 안에서 찾아야 한다. 자기 안에서 구원을 찾는 것, 그걸 책이 말해준다. 이 책을 든 당신은 분명 더 나아지고 싶은 마음, 즉 향상심을 가지고 있다. 그 마음은 누가 알려주는 것이 아니다. 스스로 가져야 한다. 그러므로 당신은 향상심을 가졌다는 것만으로도 충분히 더 나아질 수 있다.

조나단은 갈매기들의 삶이 그토록 짧은 이유가 지루함과 두려움과 분노 때문임을 깨달았고, 자신의 머릿속에서 두려움을 몰아냄으로써 참으로 길고 행복한 삶을 살았습니다.

가장 높이 나는 새가 가장 멀리 본다.

꿈을 이루는
보물지도

《보물지도》, 모치즈키 도시타카

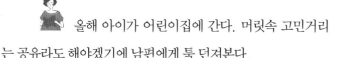 올해 아이가 어린이집에 간다. 머릿속 고민거리
는 공유라도 해야겠기에 남편에게 툭 던져본다.

"3월까지 내 일자리를 알아봐 주세요. 알바든 사장이든 뭐든
해야겠다는 생각이 굴뚝같네요."

큰 기대는 하지 않았지만 역시 돌아오는 대답은 애들 초등학
교까지 키워놓고 일하면 안 되겠냐. 그럼 그렇지, 에휴. 엄마
에게 꿈이라는 단어는 사치일까? 집에서 쉬다 보니 사회생활에
대한 감을 잃은 지 이미 오래. 자신감도 점점 바닥을 친다. 탱탱
할 줄만 알았던 얼굴은 점점 야위어간다. 옷으로 커버 가능했던
뱃살들은 어느새 가슴보다 먼저 나와 인사한다. 안녕! 내 꿈보다
는 아이의 꿈을 위해 하루하루를 희생해야 인정받을 수 있다.

- 큰딸 호주 유학 보내기
- 큰아들 SKY 대학교 입학시키기
- 막둥이 중등 영어 말하기 대회 대상 타기
- 의사 사위 맞이하기
- 남편 전무까지 승진시키기

누구의 꿈일까? 아들, 딸, 남편의 꿈일까?

엄마의 꿈이다. 꿈꾸는 사람과 노력해야 하는 사람이 따로인 상황. 시간이 갈수록 그들의 생각은 엇나간다. 총칼 없이 서로를 향한 기대감이 실망과 노여움으로 변하는 전쟁이 시작된다. 경력단절 5년, 앞으로 최소 10년 예정.

이제 와서 내 꿈을 찾아야겠다고 하면 다들 "다시 일하게?" 라고 말한다. 더 나은 살림살이와 아이들 더 좋은 옷을 입히기 위해 돈 벌러 나가는 사람이 된다. 생계를 위한 몸부림일 뿐이다. 꿈이 사라졌다, 엄마는.

그리고 우연히 이 책을 다시 만나게 되었다. 제목만 보면 보물지도 한 장을 손에 들고 전 세계 구석구석 보물을 찾아 떠나는 모습이 그려진다. 부제 또한 '꿈을 이루는 마법의 도구'라고 하니 판타지나 만화를 좋아하지 않는 내게는 허무맹랑한 이야기 같기도 하다. 초딩도 비웃고 지나갈 쓸모없는 이야기.

지은이 모치즈키 도시타카 씨는 서른여섯 살까지 이렇다 할 경력도 없이 실패만 거듭했다. 회사에서 해고당하고 빚마저 진 평범한 남자였다. 나와 별다를 것 없어 보이는 그가 말한다.

꿈은 반드시 이루어집니다. 당신이 진심으로 원하고, 또 열정을 가지고 계속 행동하기만 한다면 말입니다.

꿈을 이루기는커녕, 한밤중에 개꿈이라도 꾸고 있는 걸까?

커다란 종이에 자신의 꿈을 써넣고, 이미지와 사진을 붙입니다. 그런 다음 방에 붙이고 매일 바라보는 일입니다.

'나랑 장난하나? 아니 초등학교 미술 숙제도 아니고, 나보고 뭘 하라고?'라고 생각했다면 무척 다행이다. 쉬운 일로 받아들였기 때문이다. 지금 당장이라도 할 수 있는 일이다. 그럼, 핑계 댈 이유가 없다. 구체적인 단계를 소개한다.

1) 커다란 흰 종이에 '○○○의 보물지도' 라고 쓴다.
2) 종이 한가운데 당신 또는 가족이 웃고 있는 사진을

배치한다.

3) 갖고 싶은 것, 구체적인 목표의 사진을 오려내어 주변에 배치한다.

4) 기한이나 조건 등을 글씨로 적는다. (포스트잇)

5) 이 목표가 당신과 사랑하는 사람들에게 어떤 도움이 될지 쓴다.

6) 당신 인생의 목적과 가치관에 잘 부합되는지 생각한다.

7) 구체적 행동목표로 오늘, 이번 주, 이번 달 실천사항을 적는다.

8) 완성 후 눈에 띄는 곳에 붙이고, 바라본다. 수첩, 냉장고, 화장실, 휴대폰에 넣으면 더 효과적이다.

크게 믿음은 안 가지만 돈 드는 일도 아닌데 나도 한 번 해볼까? 라는 마음으로 작성했던, 2012년 10월 스물여덟에 처음 만든 나만의 보물지도, 〈사랑 받고 사랑 주는 미선이의 보물지도〉.
6년 후 2018년 5월, 지금의 나는 꿈에 얼마나 다가갔을까?
6년 전 내 보물지도를 꺼내 점수를 매겨봤다. 내가 만든 지도니까 점수도 내 마음대로 주었다.

제목 : 〈사랑 받고 사랑 주는 미선이의 보물지도〉

01) 가족과 하와이 여행가기 (해외여행)
　　- 50%. 오키나와, 다낭 여행.
02) 책 1000권 읽기
　　- 80%. 매년 약 100권씩 독서. 8년 차. 하지만 권수가 중요한 건 아님.
03) 우리나라 관광지 모두 가보기
　　- 10%. 더 부지런해지자.
04) 영어회화 자유롭게 하기
　　- 0%. 'Hello'에서 더 이상 진도가 안 나간다.
05) 승진, 평생 할 수 있는 일 찾기
　　- 50%. 평생 '할 수 있는'은 아직 모르겠는데, '하고 싶은' 일은 찾았
　　　다. 글쓰기.
06) 퀴즈 대한민국 우승하기
　　- 0%. 'ㄱ'에서 더 이상 진도가 안 나간다.
07) 화, 불평, 불만, 귀찮음, 짜증, 없애기 / 아름다워지기
　　- 10%. 마음을 다스리는 건 참 어려운 일이다.
08) 결혼
　　- 200%. 아이까지 생겼으니.
09) 50억 모으기
　　- 0.0000005%. 모았다 쓰기를 반복 중.
10) 5층 건물 세우기
　　- 0%. 건물 문고리도 못 살 지경.
11) 도서관 건립, 책 기증하기
　　- 2%. 책은 열심히 사고 있다.

100% : 완벽히 성공.

80% : 거의 성공.

50% : 절반은 성공. 계속 노력 중.

10% : 약간 성공. 계속 노력 중.

0% : 계획은 성공.

잘 이뤄낸 항목도 있고, 계속 제자리인 항목도 있고, 마음만 앞선 항목, 아예 삭제해야 될 항목도 있다. 하지만 그 무엇 하나 나를 지치게 하는 것은 없다. 0% 달성률이라도 나는 계획은 성공! 이라는 점수를 후하게 주고 싶다. 올해가 아니면 내년에라도, 6년째 못 이뤘다면 20년, 30년 후라도 언젠가는 이루고 싶은 꿈 하나 가지고 있는 것, 멋있는 일 아닌가?

보물지도는 기록해두고 보이는 곳에 두면서 매일 읽으며 의미를 되새기는 것이다. 작은 생각의 차이가 인생을 바꿀 수 있다. 전업주부는 아이만 키워도 할 일 끝이다. 그런데 지나고 나면 뭔가 2% 아쉽다. 보물지도를 작성해보면 다른 일도 꿈꾸며 살게 된다.

만약 '작가'라는 꿈을 적는다고 하자. 아이를 키우며 내가 배운 팁들을 모아 한 권의 책을 출간할 수 있다. '자유로운 회화'라면 틈틈이 미드나 영화를 틀어놓고 영어를 향한 끈을 놓지 않을 수 있다. '해외여행'을 적었다면 당장 비행기 표는 끊지 못해도 책을 찾아보고 검색을 하며 맛집, 관광지를 검색해 최고의 여행을 만끽할 준비를 하는 것이다. 현실 속 보물지도를 만들어 내가 꿈꾸는 모든 것을 그려 넣는다. 마음의 평안, 경제적 풍요, 넓은 집, 멋진 자동차, 시간적 여유, 사랑하는 사람 등. 애 키우는 엄마에게 "자신의 꿈을 위해 공부하세요" "코피 터지게 노력하세요" "늘 깨어 있으세요" 라고 말하면 다 도망가고 없을 것이다. 보물지도는 게임을 하듯 만들 수 있다. 갖춰야 하는 조건은 단 한 가지. '이 일이 이뤄지면 얼마나 좋을까?'라는 생각이다. 피나는 노력이 아닌 일상에서 실천할 수 있는 내용이면 된다.

보물지도를 만드는 일은 현재 주어진 일에 감사하고, 행복을 느끼면서, 꿈이 이뤄져 가는 과정을 더욱 즐기며 한 걸음 한 걸음씩 나아가는 일입니다.

간단해 보이는 '보물지도 만들기'는 왜 효과가 있는 것일까? 우리는 말로 하는 것보다 시각적으로 볼 때 더 크게 반응한다. 이미지화를 반복할수록 잠재의식은 강해지기 때문이다. 아들, 딸을 위한 꿈도 좋고 남편을 위한 꿈도 좋다. 하지만 그

건 엄마라는 감투를 쓴 나의 꿈 목록이다. 감투를 벗고 오롯이 나를 위한 꿈의 목록도 생각해보자. 떠오르는 꿈을 작성해보자. 매일 밥을 하고, 설거지하고, 아이의 얼굴을 씻겨주듯 일상처럼 보물지도를 바라보자. 어느덧 그 꿈은 현실이 된다.

이제 나만의 보물지도를 만드는 일만 남았다. 나의 가능성은 무한하다. 잊고 있던 꿈을 다시 펼쳐보자. 그것은 보물지도의 불가사의한 마법과도 같은 기적이다.

보물지도의 꿈을 이룰 사람은 지금 이 책을 손에 들고 있는 바로 당신입니다.

'2018년 미선의 보물지도'에는 어떤 항목들이 있을까. 몽글몽글 꿈이 피어날 때가 있다. 하고 싶은 것, 갖고 싶은 것, 간직하고 싶은 것들이 머리부터 마음을 지나 발끝 언저리까지 둥실둥실 떠돌며 나를 간질이고 어지럽힐 때, 시끌시끌한 그들로부터 해방되는 방법 한 가지는 글로 적어내는 것이다. 그래서 내 다이어리에는 당장 할 수 없고, 가질 수 없지만, 품고 살아야 하는 갖가지 리스트가 있다. 그 중 몇 가지를 적어보았다.

아이가 처음 어린이집에 등원한 날, 안절부절하면서 원 생활이 너무 궁금했다. 친구들과는 잘 노는지, 밥은 잘 먹는지, 선생님 말씀은 잘 듣는지. 이 리스트는 마치 궁금함을 참지 못하고 어린이집으로 달려가 창문 틈에서 눈만 빼꼼히 내밀고 내 아이를 지켜보는 것, 그와 같은 심정으로 작성했다. (물론 아이 어린이집에는 훔쳐보러 가지 못했다)

이 책이 출간되면 서점 어딘가에 눕거나 서 있을 내 아이(책)의 자리는 어떤 곳인지, 옆에 있는 친구(책)들과 사이는 좋은지, 옷매무새(띠지가 있다면)는 정갈한지, 선생님(주인아저씨)은 어떤 분이신지, 보고 싶고 궁금한 마음에 가보고 싶은 전국 서점 목록을 작성했다. 책이 나오면 이 서점들 매대 어딘가에서 어슬렁거리는 나를 찾아볼 수 있을 것이다.

〈서점 List〉

- 서울 : 고요서사 / 부쿠 / 오키로미터북스 / 어쩌다책방 / 북바이북 / 인덱스 / 스프링플레어
- 강원도 : 동아서점 / 완벽한 날들
- 파주 : 지혜의 숲 / 밀크북 / 오래된서점 / 땅콩문고
- 부산 : 인디고 서원 / 소소한 책방 / 이터널저니
- 경주 : 어서어서 / 지나가다
- 남해 : 아마도 책방 / 은모래책방
- 제주 : 만춘서점 / 소심한 책방 / 책방무사 / 딜다책방

임신 때부터 지금까지 자유롭지 못했다. 아이가 4살이 되고 어린이집에 가면서 이제 자유를 되찾았다. 아이가 힘들까봐 정상까지는 엄두도 못 냈던 등산, 음료만 마시고 도망치듯 나와야 했던 분위기 좋은 카페, 발 뻗고 팝콘 먹으며 누워서 보고 싶었던 영화, 뽀로로 말고 나도 아이유 노래 부른다. 노래방에서. 단, 제한시간은 아침 9시 30분부터 오후 3시 20분까지. 그 안에 임무를 마치고 하원 시간이 되면 아무 일도 없었다는 듯 어린이집 차량에서 내릴 아이를 마중 나가야 한다. 거의 2시쯤부터 가슴이 콩닥거린다. '곧 올 시간이군.'

아이의 어린이집에서 등원이 확정되었다는 문자를 받은 순간, 하고 싶은 일들이 마구 폭발적으로 일어나면서 마음을 주체하지 못하고 적어둔 기록이다.

〈자유부인 List〉

- 등산
- 독서
- 탁구, 볼링, 배드민턴
- 카페
- 노래방
- 서점
- 영어공부
- 글쓰기
- 영화
- 맛집
- 사업구상
- 도서관

예쁜 아이 이름이 생각날 때, 나중에 창업할 서점의 상호명이 생각날 때, 생생정보통에 소개된 맛집을 보며 군침을 삼킬 때 나는 리스트를 작성한다. (나만의 갖가지 리스트를 가지고 책을 만드는 것도 재밌겠다는 생각이 든다) 최근 새로 추가된 리스트는 〈첫 책이 나오면 하고 싶은 일들〉이다. 제목만 써도 마음이 설레고 즐거운 상상이 된다.

'꿈꾸는 여자는 영원한 청춘 여자'라고 한다. 눈앞의 현실에 붙잡혀 아이들의 꿈만 좇아선 안 된다. 아이와 남편을 떼어낸 내 꿈을 찾아보자. 당장 꿈을 찾지 못했다면 책을 읽는 준비만으로도 충분히 꿈의 밑바탕을 만들어둘 수 있다. 아무것도 이루지 않아도 책에 푹 빠진 것만으로 충분하다. 흰 머리가 가득했을 때 작은 안경을 눈 아래로 내려쓰고 안락의자에 편히 앉아 책을 읽는 할머니의 모습을 그려본다면 그것으로 충분한 노후 대책이다. **유치한 보물지도 한 장은 내게 덜 유치한 삶을 선물한다.**

공감은
가장 큰 위로

《82년생 김지영》, 조남주

   세상에서 가장 힘든 직업의 주인공은 '엄마'다. 육아라는 극한 직업에 투입된 우리는 아직 멋모르는 신입사원일 뿐이다. 아무런 준비도 되어 있지 않다. 시간이 갈수록 서툴고 낯선 환경에 고객님도 나도 녹초가 되고 만다. 그 중 최악의 부서는 독박육아 팀이다. 정말 힘들다.

요즘 뉴스에 '두 살 아들 살해 유기' '산후 우울증이 범행 동기' '어린이집 폭력 교사' 등 아동 학대사건이 자주 등장한다. 아이를 키우고 있는 부모 입장에서 차마 눈 뜨고 볼 수 없는 사건, 사고가 점점 늘고만 있다. 이런 끔찍한 사건을 접할 때마다 나뿐만이 아닌 우리 아이가 사는 세상이니 많은 생각을 하게 된다. 잘못을 저지른 당사자는 법으로 그에 상응한 처벌을 받아야 마땅하다. 우리는 나와는 상관없는 일인 듯 손가락질만 하는 것이 아닌, 조금 더 가까이 다가가 그 사건의 근본적인 문제에 대해 생각해봐야 할 것이다.

〈 ○○회사 채용 공고 〉

▶ 직   함: 상황실장 (작전운영국장)
▶ 자격조건: 기동성이 대단한 사람
　　　　　일하는 동안 지속적으로 서 있거나 허리를 숙여야 함
　　　　　힘이 많이 듦
　　　　　협상 기술 및 인간관계 기술에 능한 사람
　　　　　의학, 재정, 요리법 학위자 우대
　　　　　일인 다역이 가능한 사람
　　　　　끊임없이 노력해야 함
▶ 직업특징: 상황에 따라 고객과 밤을 새울 수도 있음
　　　　　고객에게 눈을 뗄 수 없음
　　　　　엉망진창 혼란한 상황에서 혼자 일 해야 함
　　　　　크리스마스, 설날, 기타 휴일에는 일이 더 늘어남
　　　　　명랑한 기분으로 수행해야 함
▶ 업무시간: 일주일에 135시간 또는 무한정
　　　　　하루 24시간, 주 7일
　　　　　휴식 불가능
　　　　　고객의 식사가 끝난 후 본인 식사 가능
　　　　　휴일 없음
▶ 월급책정: 무급

-출처: 유튜브 '세상에서 가장 힘든 직업'

최근 육아로 지쳤는지 허공을 보며 정신을 놓거나 음악을 들으며 눈물을 뚝뚝 떨어뜨리기도 했지만, 김지영 씨는 원래 밝고, 웃음이 많고, TV 개그 프로그램을 보면 곧잘 따라해 정대현 씨를 웃기곤 했다.

극한 직업을 체험 중인 엄마들에게 도움이 될 수 있는 몇 가지 방안을 생각해봤다. 나는 권력도 없고, 돈도 없고, 힘도 없어 누군가의 삶에 실질적인 도움을 줄 수는 없다. 아직까지는. 하지만 생각을 글로 남기고 책을 출판함으로써 누군가 내 책을 읽어준다면 나의 작은 생각이 극한 직업을 꿈의 직업으로 바꿀 수 있는 힘이 되리라 믿는다.

1) **부모 자격증 제도** : 부모가 되기 위한 최소한의 마음가짐, 가치관, 육아 지식 등을 바탕으로 임신 기간 동안 예비 엄마 아빠가 모두 취득해야 한다.

자신의 몸에서 일어날 변화가 어떤 것이고 어느 정도일지 잘 가늠이 되지 않았고, 무엇보다 육아와 직장 생활을 병행할 자신이 없었다.

2) 영, 유아 검진 시 소아정신과 항목 추가 : 요즘은 의료혜택 수준
이 많이 높아지긴 했지만 아직도 정신과의 문턱은 높다. 정신
과에 다녀왔다고 하면 사람들이 색안경을 끼고 바라보니 더 꺼
려질 수밖에 없다. 앞으로는 몸이 아픈 사람보다 정신이, 마음
이 아픈 사람이 더 많을 것이다. 특히 부모와 아이를 위한 고민
상담 및 정신 건강 확인 차원은 꼭 추가되어야 한다.

스스로 증상을 자각하지 못하는 김지영 씨에게는 일
단 잠을 잘 못 자고 힘들어 보여 상담을 권하는 거라
고 말했다. 김지영 씨는 안 그래도 요즘 기분이 가라
앉고 매사에 의욕이 없어 육아우울증인가 싶었다며
고마워했다.

3) 재택근무 제도 및 온라인 수업 제공 : 육아를 위해 대부분 다니
던 회사를 그만두게 된다. 일자리를 잃은 엄마들에게 집에서도
할 수 있는 근로 기회가 다양하게 제공되어야 한다. 또한 집에
서 온라인으로 배우고 싶은 강좌를 수강하며 경력 단절이 아닌
자기계발을 통해 언제든 사회로 다시 돌아갈 수 있도록 발판을
마련해줘야 한다.

김지영 씨는 10년 만에 다시 진로를 고민했다. 10년 전에는 적성과 흥미를 가장 중요하게 생각했는데, 이번에는 훨씬 더 다양한 요소들을 고려해야 했다. 최우선 조건은 지원이를 최대한 자신이 돌볼 수 있을 것. 도우미를 따로 고용하지 않고 어린이집에만 보내고도 일할 수 있을 것.

4) 어린이 도서관 설립 : 외출이 자유롭지 못한 엄마들을 위해 동별로 소규모 어린이 도서관 설립 (장난감도 대여 가능)

5) 도서 구매비 : 책과 어린이는 우리나라의 미래다. 1년에 ○○만 원씩 지원 (육아서 포함)

6) 키즈 카페 무료 이용권 : 월 5회 이용권 제공. 외출이 자유롭지 못한 여름과 겨울엔 10회 제공

7) 유아 매트 제공 : 층간 소음 방지 및 유아 사고 방지

8) 어린이집, 유치원 선생님 근무 환경 개선 : 경제적, 정신적으로 근본적인 문제를 해결하여 스트레스로 인해 아이들에게 일어나는 사고 방지

9) 남편 육아 휴일 : 월 1회. 남자들은 돈 버는 기계가 아니다. 또한 일을 핑계로 육아에 소홀해서도 안 된다. 하루라도 온전히 아내에게 휴식을 주고 아내가 겪는 육아고통을 함께 나눠주길.

나는 지금의 젊음도, 건강도, 직장, 동료, 친구 같은 사회적 네트워크도, 계획도, 미래도 다 잃을지 몰라. 그래서 자꾸 잃는 걸 생각하게 돼. 근데 오빠는 뭘 잃게 돼?

10) 문화생활 : 영화, 미술, 음악 등 티켓 발급 (아이를 두고 올 수 없는 엄마를 위해 유아 동반 가능 시간 지정)

11) 아이패드 + 키보드 : 우리 엄마들,《엄마의 심야책방》책 보며 글 써야 한다. 카페든 공원이든 아이와 함께 외출 시에도 가볍게 들고 나가 글 쓸 수 있도록. (이건 우리 남편이라도) 당장 제공해 달라. (지극히 개인적인 바람)

애는 너만 키우는 거냐고? 애들 키우는 집에 그렇게 예산 펑펑 다 써버리면 나라 재정은 어떻게 되느냐고? 꿈나무들 그리고 나무를 키우는 조경사들에게 예산 쓰는 게 그리도 아까운가? 아까운 세금 부잣집 딸 말 타는 데, 고위 간부들 해외여행 보내는 데 쓰는 건 아깝지 않고? 그렇게 쓰면 우리 미래가 밝아지는가? 나라의 미래를 위해 투자해야 할 곳이 어디인지 진지하게 생각해봐야 할 것이다. 그 고민 끝에 아이들이, 또한 자신의 모든 것을 내려놓고 그 어떤 보상도 받지 못한 엄마라는 이름이 떠오른다면 과감하게 투자해야 한다.

더 이상 엄마들이 목소리를 잃고, 아이들이 짓밟히는 끔찍한 사회 문제는 일어나지 않길 바라는 마음이다.

어떤 분야든 기술은 발전하고 필요로 하는 물리적 노동력은 줄어들게 마련인데 유독 가사 노동에 대해서는 그걸 인정하지 않으려 한다. 때로는 '집에서 논다'고 난이도를 후려 깎고, 때로는 '사람을 살리는 일'이라고 떠받들면서 좀처럼 비용으로 환산하려 하지 않는다. 값이 매겨지는 순간, 누군가는 지불해야 하기 때문이겠지.

요즘 맘충이들의 확산으로 어린이 출입금지 구역이 늘고 있다. 물론 장사하는 사장님들의 입장도 백번 천번 이해가 된다. 오죽했으면 그랬겠는가. 하지만 점점 육아하는 사람들을 거부하고 모른 척하면서, 그들이 갈 곳을 잃는다면 우리 사회는 어떤 모습이 될까? 나도 아이에서 어른으로 자랐고 어른은 또 아이를 낳고 기르며 산다. 누구도 피해갈 수 없는 숙명이다. 단지 아이와 동반이라는 이유 하나만으로 입장 자체를 막는 것보다는, 아이를 동반하는 부모도 남들에게 피해가 가지 않게 조심하고 식당 주인도 아이와 함께할 수 있도록 약간의 배려를 해준다면 삭막한 세상이 아닌 조금 더 따뜻한 세상이 될 수 있지 않을까?

사람들이 나보고 맘충이래. 오빠, 나 1,500원짜리 커피 한 잔 마실 자격도 없어? 죽을 만큼 아프면서 아이를 낳았고, 내 생활도, 일도, 꿈도, 내 인생, 나 자신을 전부 포기하고 아이를 키웠어. 그랬더니 벌레가 됐어. 난 이제 어떻게 해야 돼?

나는 정치에 큰 관심이 없었다. 나와는 별개의 세계라고 생각했었다. 이제는 내 아이가 당할 수 있고 내 아이에게 물려줄 나라라고 생각하니 자다가도 눈이 번쩍 뜨인다. 무관심은 범죄다. 개개인의 무관심으로 우리 사회는 너무 무섭고 살기 힘든 곳이 되고 말았다. 더는 어리고 약한 아이들이 또한 빛과 희망을 잃은 어른들이 사라지는 사회를 가만히 놔둬서는 안 된다. **최악은 늘 갱신된다.**

세상이 참 많이 바뀌었다. 하지만 그 안의 소소한 규칙이나 약속이나 습관들은 크게 바뀌지 않았다. 그래서 결과적으로 세상은 바뀌지 않았다. 법이나 제도가 가

치관을 바꾸는 것일까, 가치관이 법과 제도를 견인하
는 것일까.

나는 김지영 씨와 비슷한 인생을 살고 있었다. 그녀의 이야기
를 통해 내 삶을 한 발짝 떨어진 위치에서 지켜본 기분이었다.
딸로, 여자로 살아가기. 결혼을 하고 임신과 출산으로 직장을
그만두고, 육아를 하며 또 다시 사회로 나갈 기회를 엿보는 것.
살면서 놓치고 잊어버렸던 기억들을 다시 꺼내볼 수 있었다.
내가 느낀 감정들보다 더 깊고 세세히 말해주어 마음이 시렸
다. 똑같은 감정을 느끼고도 나는 내 마음을 표현해주는 방법
이 그녀의 10분의 1도 안 되었구나, 하며 소설을 통해 나 자신
을 위로했다. 책으로 위로받는 엄마들이 많아지길 바란다.

김지영 씨는 한 번씩 다른 사람이 되었다. 살아 있는
사람이기도 했고, 죽은 사람이기도 했는데, 모두 김지
영 씨 주변의 여자였다. 아무리 봐도 장난을 치거나 사
람들을 속이는 것 같지는 않았다. 정말, 감쪽같이, 완
벽하게, 그 사람이 되었다.

엄마는 이름이
뭐예요?

《**우리 엄마**》, 앤서니 브라운

58세 친정엄마는 동사무소 노래교실에 다닌다.
벌써 몇 년째 다니는 장수 학생이다. 노래교실 다니는 거 재미
있냐고 여쭤보니 엄마가 웃음을 가득 머금고 말씀하신다.
"거기선 미선이 엄마로 안 부르고, 성자 씨로 불러주는데 너무
좋더라."

내가 그의 이름을 불러주었을 때
그는 나에게로 와서 꽃이 되었다.

누구나 이름을 가지고 있다. 누구의 자녀로, 누구의 아내로, 누
구의 엄마로 내 이름 석 자를 지워가며 사는 삶은 쉽다. 하지만

그 이름을 지키며 살아가는 삶은 아무도 가지 않은 길을 가듯 모든 풍파를 견디며 스스로 단단해지는 삶이 된다. 그 길은 나만의 길이 된다.

지워지고 있는 내 이름을 이제라도 다시 찾아야 할 때가 되었다. 당신의 이름은 무엇인가요?

　어쩌면 영화배우나
　사장이 될 수도 있었고요.
　하지만 우리 엄마가 되었죠.

이번 책은 동화책이다. 아이에게 읽어주면서 아이가 생각하는 내 모습에 대해 생각해볼 수 있었고, 공감도 되고, 왠지 찡하기도 하면서 울컥한 기분도 들었다. 아이의 엄마가 되지 않았다면 나는 지금 어떤 모습이었을까?

엄마가 된 전업주부의 삶. 어떤 이에겐 누구보다 편하고 쉬워 보이는 삶이다. 어떤 절실한 노력 따위 없어도 살아지는 삶. 나도 그렇고 당신도 그렇다. 남편이 벌어다 주는 돈으로 끼니를 해결한다. 가끔 친구를 만나 파스타도 먹고, 남이 타준 생크림이 올라간 커피도 마신다. 새로 생긴 카페를 방문해 인증샷을 찍어 #핫플 #카페스타그램 태그와 함께 인스타그램에 올린다.

'나 애 엄마지만 이런 여유도 있어요.' 여름맞이 수박 모양의 페티를 받기도 하고 (수박씨까지 그려주는 디테일), 눈 깜박이는 인형을 꿈꾸며 속눈썹 연장도 받는다. 이번 아이들 방학엔 어디로 떠나볼까? 내 삶, 이 정도면 만족스럽다. 괜찮은 인생이다. 행복하다.

악바리처럼 내 이름을 찾는 삶은 머리 아프고 피곤하다. 굳이 그렇게 해야 할 이유가 없다. 평생 남편 월급에 몸을 싣고 흘러가는 대로 둥둥 떠가는 유유자적의 삶. 충분히 괜찮다. 엄마의 이름으로, 아내의 이름으로 사는 내 삶이 뭐 어때서.

그러던 어느 날, 아이가 내게 묻는다.

"엄마는 이름이 뭐예요?"

　우리 엄마는 참 멋져요.

책의 첫 문장이다. 아이 눈에 엄마는 뭘 하든 정말 멋진 사람이었다. 차린 거라곤 정성뿐인 반찬에도 굉장한 요리사가 되고, 단순한 그림실력에도 훌륭한 화가가 된다. 나는 우리아이에게 멋진 엄마일까? 꼭 사회적인 성공을 이뤄야 멋진 엄마라고 생각하지 않는다. 하지만 흘러가는 대로 사는 삶이 아닌, 내 인생을 계획하고 내가 생각한 대로 묵묵히 걸어가는 삶. 그 길은 후회 없고 아이들에게도 당당한 멋진 엄마의 인생이 될 것이다.

누군가의 딸로, 아내로, 엄마로 살아가다 정작 내 이름을 잃어버렸다. 아이들이 자라 독립을 한 후. 그제야 나만 제자리라는 것을 알게 된다. 니체는 "자기 인생에 온 힘을 쏟아 능력을 최대한 발휘하는 것이 최고의 삶" 이라고 했다. 나는 내 인생에 몇 %나 능력을 발휘하며 살고 있을까?

우리 엄마는 슈퍼엄마!

엄마는 세상 그 누구보다 강하다고 말한다. 그러면서 여자로서 약한 모습은 엄마라는 이름 안에 싹 묶어 넣어 밖으로 새어나와선 안 될 몹쓸 감정처럼 여긴다. 사실 엄마도 그저 아이를 낳은 한 사람일 뿐이다. 아이를 낳았을 뿐인데 슈퍼우먼처럼 힘이 솟아나거나, 독기가 한가득 들어와 마음이 강해지는 그런 현상은 일어나지 않았다. 아이라는 존재가 나를 이렇게 더 약하게 만들고 가슴 아프게 만들 줄을 몰랐다. 엄마가 되고 나서도 난 그저 한 사람일 뿐이었다.

남의 일로만 생각했다. 의사 선생님 말씀으로는 우리나라 임산부 10명 중 3명은 유산 경험이 있다고 하셨다. 그제야 '아, 내게도 충분히 있을 수 있는 일이구나' 라는 생각이 들었다. 나는 그렇게 둘째의 유산을 받아들였다.

둘째가 찾아온 것을 알았을 때 온전히 환영하지 못했다. 당황스러웠다. 받아서는 안 될 선물을 받고 '이를 어쩐다?' 하고 다시 돌려주지도 못하고 어떡하지? 머뭇거리고만 있었다.

첫 아이를 키우면서 함께하고 싶은 것이 많았다. 동물원, 놀이동산, 아쿠아리움, 공원 산책 등. 첫 아이와의 많은 경험과 추억을 위해 둘째도 당분간 계획하지 않았다. 아기가 커가고 단유를 하면서 나는 자유의 몸이 되었다고 생각했다.

아이가 이제 막 걸음마도 떼면서 나의 육아 인생에도 '꽃 피는 날이 오는구나' 하며 매일 놀 궁리만 했다. 둘째가 찾아올 거라는 마음의 준비는 조금도 돼 있지 않았다.

그렇게 봄이 오고, 새로운 생명체도 우리를 찾아왔다. 테스트기를 확인하고 남편의 반응도 "어떡하지?"였다. 아이들이 클 때 동생과 터울이 없으면 친구처럼 자라 좋다는 이야기는 들었지만, 솔직히 두 아이를 잘 키워낼 자신이 없었다. 첫째에게 미안한 마음이 먼저 들어 임신 사실을 알고 많이 울었다.

병원에서 5주 정도 된 아기집을 확인했다. 처음부터 반겨주지는 못했지만, 병원에서 아기집을 보고 오니 아기가 왔다는 것이 실감 났다. 우리에게 온 소중한 아기니 '잘 키워보자'라며 마음을 다잡았다.

다음 주, 아직 작아서 그런지 심장 소리가 들리지 않는다고 하신다. 다음 주에 와서 듣자며 '몸조심하라' 하신다. 첫 아이는 계획대로 임신했고, 뱃속의 아이는 당연히 잘 자라줄 것으로 생각했다. 유산을 겪지 않았더라면 평생 몰랐을 것이다. 아이를 가졌을 때의 그 소중함과 뱃속 아기를 목숨처럼 지켜야 하는 엄마의 마음가짐, 몸가짐을.

불안한 마음에 계속 누워만 있었다. 다음날 피가 약간 비쳐 큰 병원으로 갔다. '이전 병원은 작은 곳이어서 심장 소리가 잘 안 들렸을지도 몰라' '엄마가 미안해, 제발 건강히만 있어줘.' 선생님은 내게 '아기에게 반갑다는 인사가 너무 늦었네요'라고 말하듯 유산되었다고 말씀하셨다. 그제야 정신이 번쩍 들었다. 두 아이를 어떻게 키워야 할지 내 생활만 걱정하던 이기적인 내게 그제야 아이를 잃었다는 현실이 다가왔다.

선생님은 엄마의 잘못이 아니라 건강하지 못한 유전자와 유전자가 만났을 뿐이라며, 다시 건강한 아기를 가지면 된다고 위로해주셨다. 내 탓인데, 내 탓인데, 나 때문인데, 내 탓이 아니라고 말해주신 선생님. 창피한 줄도 모르고 선생님 앞에서 펑펑 울어버렸다.

처음부터 환영해주지 못한 엄마의 마음을 알아버렸는지 조그만 생명체는 7주 만에 하늘나라로 갔다.

아이에게는 아무 죄가 없는데, 모든 잘못은 어른들이 해놓고 아무것도 모르고 찾아온 아이 탓만 하고 있었다. 지금도 너무 미안하다. 어른의 이기심으로 반갑게 맞이해주지 못했던 것. 그렇게 아이는 떠나갔지만 평생 잊을 수 없다. 왔을 때보다 떠나고 나서 더 소중해진 그 아이. 넌 처음부터 너무 소중한 존재였는데 엄마가 너무 늦게 알아서 미안해. 하늘나라에서 엄마 아빠 꼭 다시 만나자. 미안하고 너무 사랑해.
세상의 모든 콩알보다 작은 아이들이 아픔 없이 건강하게 자랄 수 있길 기도한다.

    아기 고양이처럼 부드럽고,
    코뿔소처럼 튼튼해요.
    정말 정말 정말 멋진 우리 엄마.

마지막 장. 엄마가 아이를 포근한 품에 안아주고, 따뜻한 엄마 품에 안겨 있는 아이의 모습에 마음이 찡해진다. 내가 품을 수 있는 아이도, 품을 수 없는 아이도 언제까지나 영원히 사랑하겠다고 다짐해본다. 자고 있는 아이가 일어나면 꼭 안아주고, 무릎에 앉혀 《우리 엄마》를 같이 읽어야겠다.

옆집 엄마도
쓸 수 있다

《하루 1시간, 책 쓰기의 힘》, 이혁백

제목부터 내 삶과는 레벨이 달랐던 드라마 〈품위 있는 그녀〉. 상류층 생활을 다룬 소재는 언제나 흥미롭다. 그들은 우리와 다를 것 같지만, 사실 별 다를 거 없다. '품위 있는 인생도 살아가기 힘들기는 매한가지로구나' 하는 위안도 갖게 된다.

품위 있는 그녀의 하루는 아이를 등원시키고 브런치카페로 향한다. 과하게 멋 부리지 않은 작은 명품 가방을 들고. 나는 곧장 설거지통으로 향해 아이가 먹다 남긴 눅눅한 김에 글라스락에 담긴 김치 한 조각을 꺼내 아침을 해결한다. 품위녀가 꼿꼿이를 하고 미술 전시회를 거닐 때 나는 설거지를 마친 후 청소기로 바닥을 민다. 그녀와 나는 '사람'이라는 점만 같고 사는 방법은 다르다. 다시 태어나도 그녀처럼 우아하게 살 수 있으리란 희망은 없다.

그런데 내가 그녀를 유일하게 흉내낼 수 있는, 어쩌면 그녀보다 한 수 위에 설 수 있는 딱 한 가지 방법이 있다. 그건 바로 책이다. 책은 차별이 없다. 돈이 많고 적은 사람을 가리지도 않고, 학력도 따지지 않는다. 엄청난 배경지식이 필요한 것도 아니다. 외투 하나를 사려고 해도 몇 천 만원 대부터 몇 만 원 대까지 천차만별이다. 사과만 고르려 해도 유기농이다, 씻어 나온 사과다, 그 값을 어느 장단에 맞춰야 할지 잘 모르겠다. 그런데 책은 어떤가? 어딜 가나 누구에게나 정가 그대로다. 한 권의 책은 거품으로 포장할 수가 없다. 책은 내가 품위 있는 그녀를 이길 수 있는 유일한 방법이다.

아무 조건 없이 나를 받아주고 용기를 주는 것이 바로 책이다.

책의 힘은 여러 가지가 있지만, 그중에서도 제일 큰 힘은 바로 살아온 인생을 더욱 빛나게 해준다는 점이다.

'책 쓰기'에 대한 환상. 생각만 있었던 내게, 생각을 글로 표현하게 해준 책이다. 이 책을 읽으면서 나는 하루 1시간씩 글쓰기를 실천하리라 마음먹었다. 누구나 생각은 할 수 있지만, 실천은 힘들다. 쉬워 보이는 일도 막상 해보면 어려움이 많다. 글쓰기도 마찬가지다. A4 한 장을 채우는 일이 쉬워 보여도 막상 컴퓨터 앞에 앉으면 한 문장을 써 내려가기도 무척 힘들었다. 그래도 끝까지 타자를 두드릴 수 있게 한 이 책은 어떤 말로 내게 용기를 줬을까?

가장 크게 와 닿았던 점은 글쓰기는 다른 기술이 필요 없고 나의 진심을 그대로 담아 표현하면 독자는 눈이 아닌 가슴으로 책을 읽어준다는 대목이었다. 그때부터 '나는 왜 책을 쓰고 싶어 하는가'를 고민했다. 돈을 벌기 위해서? 유명해지기 위해서? 그런 이유도 있었겠지만, 그게 주목적은 아니었다. 돈이나 인기를 위해서라면 더 쉽고 빠른 길을 찾았을 것이다. 가장 큰 이유는 **책이 주는 힘을 많은 사람들과 공유하고 싶었다.**

또한, 나처럼 평범한 사람도 책을 쓸 수 있으니 다른 사람들도 인생에 한 번쯤은 생각을 기록하고 정리하며 책을 써보는 것은 어떨까? 라는 생각도 들었다. 사람은 각기 생각하는 것도 모두 다르므로 1인 1책은 충분히 가능한 일이라고 생각한다. 보통사람 중에서 아줌마, 그중에서도 일 안 하는 백수, 그중에서도 미래가 보장되지 않아 뭘 해야 할까? 고민하는 엄마들에게 나처럼 책을 써보라고 말해주고 싶었다.

막상 책을 쓰려고 해도 원고지에 써야 하는지 컴퓨터로 써야 하는지, 몇 장을 기준으로 써야 하는지. 글을 다 쓰고 나면 어디로 보내야 하는지 궁금했던 점이 많았는데 이 책에 자세히 나와 있어 많은 도움이 되었다. 책 쓰기를 '언젠가는 해야지'가 아닌 '지금 당장'으로 만들어준 책. 정말 내 책이 나온다면 이메일로나마 감사인사를 전하고 싶다. 작가님 덕분에 저도 작가가 되었어요!

'내 책을 누가 읽어 주기나 할까'를 고민하기 전에 나만이 가지고 있는 진심, 컨셉트를 발견하라. 그리고 머리가 아닌 가슴으로 한 글자씩 책을 채워 가라. 그렇다면 독자 역시 눈이 아닌 가슴으로 당신의 책을 읽게 될 것이다.

몸은 아이에게 묶여 있어 자유롭지 못한 엄마가 할 수 있는, 나를 지키며 사랑을 품을 수 있는 가장 좋은 방법은 책을 보는 것이다. 더 나아가 아이를 떼어 놓기 어려워 집에서 할 수 있는 일이 뭔지 생각해봤다. 아이가 잠들었을 때 언제든 바로 시작할 수 있는 일. 아기가 자는 시간에 나는 책상에 앉아 키보드를 두드렸을 뿐이다. 그로 인해 내 이름으로 된 한 권의 책을 가질 수 있게 된다. 시간과 공간의 제한을 크게 받지 않는다. 아이를 키우면서 느껴지는 감정들을 글로 표현한다. 그러면 마음 한 켠에 또 다른 나만의 세상을 만들 수 있다. 그리고 그 안에서 나와 만나는 것.

그렇게 칼을 갈 듯 비장하게 모인 문장들은 나를 단단하게 만들어준다. 그 책은 우리가 사회로 나가든지 집에 있든지 내 삶의 밑거름이 되고, 그 문장들은 한 잎 한 잎이 모여 내 인생의 꽃길이 되어줄 것이다.

책은 평범한 나에게도 책을 쓰는 특별한 재주를 선물해 주었다. 이 선물 받는 기쁨을 나뿐만 아니라 다른 사람들도 함께할 수 있길 바라는 마음에 '책'이라는 것을 쓰게 되었다. 같이 해보자고 손 내밀고 싶었다.

"우리 함께 책 읽고 꽃길 걸어요."

'육아'라는 숙명의 임무를 마치고 세상에 나왔을 때, 흙길을 걸을지, 꽃길을 걸을지…. 오늘 읽은 한 권의 책은 우리를 꽃길로 인도할 것이다. 선택은 당신의 몫.

> 알기 때문에 쓰는 것이 아니라 쓰기 때문에 참으로 알게 된다. 책을 쓴다는 것은 가장 잘 배우는 과정 중의 하나다.

글쓰기는 엉클어진 생각의 실타래를 정리해준다. 머릿속에 안개로 가득했던 생각들이 말끔하게 정리되고, 해방감과 자유도 느낄 수 있다. 메모하는 힘도 길러진다. 글쓰기는 시간과 장소에 구애받지 않는다. 아이가 내 발목을 잡고 내손을 잡아끌어도 휴대폰으로 쇼핑하거나 기사 검색하고 있는 것보다 글쓰기는 훨씬 우아한 모습일 것이다.

세상을 살아갈수록 글과 떨어져 사는 삶을 상상할 수 없다. 휴대폰 하나를 사려 해도 계약서에 다 읽지도 못할 깨알같은 글자들이 뒤덮여 있다. 스마트폰에는 도저히 머리에 다 담지도 못할 정보들이 넘쳐난다. 심지어 어린이집 알림장을 써 보낼 때에도 글이 필요하다. 어차피 떨어져 살지 못할 것이라면 두려움을 좀 없애고 사는 편이 좋을 것이다.

글쓰기를 위한 최소한의 준비에는 무엇이 필요할까?

철판

'아줌마들은 세상에 무서운 것이 없다.' 아줌마가 되면 용기가 생긴다고 했던가? 나도 아줌마가 되고 나서 용기 지수가 10쯤 더해졌음을 확실히 느낄 수 있다.

용기 지수가 더 쌓이고 쌓여 이렇게 책까지 쓰는 얼굴과 마음에 철판을 까는 수준까지 돼버렸다. 예전 말로 얼굴에 철판을 깔았다고 하면 안하무인으로 꼴불견인 사람을 생각하게 된다. 하지만 내가 말하는 철판은 "네가 무슨 책을 써?"라는 비난에 "나라고 왜 못써? 한글만 떼면 얼마든지 글 쓸 수 있지"라는 용기로 무장된 철판을 의미한다. **세상은 엄마가 되기 전과 엄마가 되고 나서, 둘로 나뉜다.** 긍정적인 철판을 두껍게 깔아 어떤 누구도 무시할 수 없는 엄마가 되자. 나 자신과 우리 가족을 지켜내는 슈퍼우먼이 되어보자. 당신이 글 쓴다고 했을 때 세상 사람들이 다 뜯어말려도 우주의 기운을 모아 응원하는 사람이 딱 한 사람 있을 것이다. 바로 나.

그리고 이 책이 당신을 응원하겠다.

커피

커피 없인 글을 시작할 수 없다. 나는 커피를 마시기 위해 밥을 먹을 정도로 커피 맛에 중독돼 있다. 그것도 달달한 커피만.

커피믹스는 결혼 전부터 좋아했다. 회사에서 밥을 먹고 난 후 커피 한 잔으로 오후 일을 시작하는 그 기분은 마치 커피만 제공해준다면 회사에 평생 충성할 기세였다. 그런 커피 맛을 임신해서도 끊을 수가 없었다. 그래서 아가에게는 미안하지만, 하루에 한 잔은 꼭 섭취했다. 몸에 좋을 건 없겠지만 그 한 잔을 참으면서 하루 종일 스트레스 받는 것보단 나을 것 같다고 위안을 삼았다.

커피를 대체할 수 있는 식품이 있을까? 존재한다면 내게 꼭 좀 알려주길 바란다. 아이를 재우고 나서 글을 쓰려고 하면 꼭 그렇게 커피 한 잔이 땡긴다. 밤 11시에 마시는 커피는 여전히 너무 좋지만, 가끔 양을 만 마리 정도 세야 하는 후유증을 동반한다. 하루 빨리 다른 대체품을 찾아보긴 해야겠다. 그래도 얼마나 다행인가. 글 쓴다고 담배 피우는 것이 아님에.

엄마들도 평소에 좋아하는 차가 있나요? 그 차와 어울리는 생각을 글로 남겨보면 어떨까요?

노트북

- 처음 주제를 잊고 삼천포로 빠지는 경우가 많다.
- 글을 쓰던 도중에도 다른 생각이 나면 그쪽으로 빠져야 한다.
  (안 그러면 잊어버린다)
- 글의 구성이 난잡해서 자주 수정해야 한다.
- 맞춤법이 엉망이다.
- 본인도 알아보기 힘든 악필이다.

내 글은 위 사항에 모두 해당한다. 원고지에 글을 쓴다는 건 나를 두 번 죽이는 일이다. 예전 작가들은 어떻게 그 많은 원고를 손으로 다 썼을까? 수정은 어찌하였으며 방대한 양의 글을 쓰기 위해 손목이 남아나질 않았을 것이다. 이 모든 난제를 해결해줄 수 있는 든든한 친구가 바로 노트북이다. 노트북으로 글을 쓸 수 있다는 건 인류의 축복과도 같다. 그 축복, 당신도 누려봐야 하지 않겠는가?

하지만 한글파일을 열었을 때 새하얀 모니터 화면이 태평양보다 넓어 보인다면, 점 하나 찍는 것도 두렵고 겁이 난다면, 다이어리 혹은 작은 메모지에 내 생각 한 줄부터 써보는 편이 정신건강에 훨씬 좋겠다.

아이디어

아이디어가 떠오르지 않을 때는 책을 본다. 책 속에는 딱딱하게 굳어버린 나의 머리를 탕!탕!탕! 쳐줄 소재 파편들이 기다리고 있다. 나의 편협하고 갑갑했던 사고방식을 유연하게 풀어줄 유일한 해결책이 바로 '책'이다. 책 속에 모든 답이 들어 있다. 지금 당신도 이 책을 통해 머릿속에 조그만 파편들을 생성해내고 있다. 그 파편들이 모여 새로운 책을 만들고 또 그 책이 다른 사람의 머리를 탕탕 두드려 새 파편을 만들 것이다.

그럼, 이제 마음의 준비는 끝났고 백지만 봐도 등줄기 식은땀이 주르륵 흘렀던 내가 어떻게 두려움을 극복했을까? 도대체 무엇을 쓰란 말인가? 내가 어떻게 작가 흉내를 내고 있는지 역시 떼려야 뗄 수 없는 글로 적어보겠다.

카톡 하듯 인스타 하듯 글쓰기

'카톡왔숑! 카톡왔숑! 카톡왔숑!'

당신이 하루에 카톡 창에 쓰는 대화는 몇 건인가? 상황에 따라 다르겠지만 적게는 대여섯 차례 많게는 수백 차례가 될 수도 있다. 불편한 대화상대가 아니라면 카톡이 왔다고 부담을 느끼는 사람은 없다. 반가운 마음에 답장하거나 먼저 카톡을 보내기도 한다.

카톡 창에 글을 넣는 것은 자연스러운 일이지만, 노트에 적는 글쓰기는 왜 이리도 부담스럽단 말인가? 어릴 적 많은 교육을 받아왔지만 글쓰기에 대한 교육은 받은 적이 없다. 또한 받았다 하더라도 글쓰기는 평가의 대상이었지 내 생각을 표출하는 방법이라고 하기에는 너무 낯선 장르였다. 지금 다시 학교로 쫓아가 나에게 글쓰기를 가르쳐 주시오, 라고 하소연할 수는 없으니 매일 하는 카톡 창에서 노트로 글을 옮겨보기만 하자.
오늘의 카톡 내용을 살펴보자.

（카톡왔숑!）
남편: 율이 약 먹었나요?
나: 네~ 설탕 타줬더니 먹었어요. ㅋㅋ
남편: 잘했네요 ㅎ

오늘 이 대화에서 나는 노트에 무엇을 옮겨 적을까?
나만 아는 육아 꿀 팁? 약 먹이기, 기저귀 갈기, 울음 달래기 등.

（카톡왔숑!）
남편: 여보, 저 오늘 회식하고 좀 늦어요~
나: 헐 - -

《분노로 가득 찬 마음을 달래는 방법》
《남편을 회식에서 빨리 들어 올 수 있게 하는 100가지 방법》
이런 책이 나오면 나는 꼭 사서 읽겠다. 어떤가? 아직도 글을
쓴다는 것이 저 멀리 오르지 못할 산처럼, 나는 죽어도 쓰지 못
할 것처럼 어렵고 힘들기만 한가? 아니면 '어? 나도 한 번 써볼

까? 라는 마음이 조금이라도 꿈틀대는가? 지금 당장 노트를 찾고 펜을 들어보자. 카톡 내용을 옮기든 미운 남편 흉이든, 자식 자랑이든, 떠오르는 사람이 있으면 그분에게 하고 싶은 말을 적어보는 것이다. 정말 아무것도 떠오르지 않는다면 '아, 나는 왜 아무것도 떠오르지 않는 걸까? 뭐 때문일까? 내일은 떠오를까? 모레는 떠오를까? 언제쯤 떠오를까? 그걸 기록해보자.

지금 펜을 들었다면 축하한다. 당신은 이제 꽃길로 입성하게 된다.

TV 보며 글쓰기

책은 부담스럽고 질색을 하면서 TV 싫어하는 사람은 없다. TV 끊는 사람들도 종종 볼 수 있는데 참으로 모진 사람들이다. 내 몸의 일부와 같은 TV를 어찌 끊는단 말인가. 육아가 끝난 후 TV 앞에 앉아 리모컨 돌리며 홈쇼핑이나 요리, 여행 프로그램, 막장 드라마, OCN 영화 등 볼 것들이 얼마나 많은데.

그런데 어른들은 TV를 많이 보면 멍청해진다고 말한다. 나 역시 아이가 TV에만 빠져 있으면 매우 걱정스럽다. 그 이유는 무엇일까? 생각할 겨를을 주지 않기 때문이다. 그럼 TV를 마음껏 볼 수 있는 조건은 무엇인가? 바로 생각을 하는 것이다.

나는 얼마 전에 끝난 〈고백 부부〉라는 드라마를 감히 인생 드라마라고 칭하고 싶다. 매회 같이 울고 웃기를 반복하며 나는 이미 그 드라마의 조연 못지않은 역할을 해냈다. 가장 좋았던 부분은 일상에 찌들어 우리가 지나온 시간과 곁에 있는 사람의 소중함을 깨닫지 못하고 살아가고 있는 걸 깨닫게 해준 것이었다. 익숙함에 젖어 우리가 잊고 있었던 것들을 하나하나 되짚어 나가며 깨닫게 되었다. 정말 소중한 것이 무엇인지.

엄마의 잔소리가, 술 마시고 들어온 남편이, 말썽만 피우는 아이가 내 인생에서 얼마나 소중하고 없어서는 안 될 존재인지 깨닫게 되었다. 드라마만 보고 끝내면 안 된다. 나처럼 적으면 작가가 될 수 있다.

나이 60에 쓰는 육아일기

친정엄마에게 내가 책을 쓴다고 이야기했더니 깜짝 놀라신다. 처음엔 써보라고 하셨다가 서울로 책쓰기 학교에 갈 수도 있다고 하니 쓰지 말라고 하신다. 집에서 혼자 쓰기로 했다고 하니 다시 써보라고 하셨다. 딸의 꿈을 위해서라면 경제적, 시간적 제약이 있더라도 나의 꿈을 응원해주시리라 믿었던 엄마. 책쓰기 학교라는 말에 반대 의견을 내시니 서운한 마음도 들었다. 하지만 딸의 꿈만 생각하기엔 사위도 손자도 눈에 밟히시니 어쩌겠는가. 철부지 딸을 말리는 수밖엔.

책 내용을 대충 말씀드리니 좋아해주신다. 책이 세상에 나와 냉랭한 반응을 받게 될지라도, 우리 엄마 마음에 든다고 하니 작가로서의 성공은 모르겠지만 효도는 한 기분이다. 곧 환갑이 되시는 엄마에게, 또는 내가 엄마의 나이가 되었을 때, 쓰고 싶은 책들을 생각해 봤다.

> ∨ 환갑에 쓰는 육아일기
> ∨ 마흔 살 딸과 데이트 100가지
> ∨ 우리 딸은 철부지 마흔입니다
> ∨ 며느리가 며느리에게 (내가 우리 며느리에게)
> ∨ 갱년기, 그게 뭔가요?

60살이 되려면 우리 엄마는 이제 2년이 더 남았고 나는 26년이 더 남았다. 26년간 열심히 준비하면 저 중 한 권은 출판할 수 있겠지? 마음이 여유로워진다.

필사하기

아무리 생각을 쥐어짜 봐도 정말 쓸 이야기가 없다. 그런 날도 있다. 이럴 때 글쓰기를 꾸준히 할 수 있는 특효약은 바로 필사다.

문장에 내 생각이 하나라도 소리를 친다면 그 문장을 옮겨 적는다. 옳거니, 나도 오늘은 정말 쓸 이야기가 없어서 필사하고 있었는데 그러다 보니 이렇게 할 이야기가 생겼다. 필사는 이렇게 생각을 비우기에도 생각을 만들어내기에도 좋은 방법이다.

읽고는 싶은데 너무 어려워서 아니면 분량이 많아서 포기했던 책이 있다. 예를 들어《상실의 시대》나《토지》《호밀밭의 파수꾼》등. 나는 지금 성경 필사를 하고 있다. 교회를 다닌 지는 꽤 되었지만, 아직 성경이 너무 어렵다. 설교 말씀도 잘 모르니 귀에 들어오지 않는 게 사실이고, 그래서 지루해지고 점점 교회 가는 시간이 싫어진다. 그런데 성경을 필사하면서 의미가 조금씩 눈에 들어오고 마음에 들어온다. 그렇게 나는 또 하루를 버텨간다. 몽글몽글 마음에 또 한 송이 꽃이 피어오른다.

일상의 경험 속에서 우리는 많은 것을 깨닫고, 배우고, 변화하기 때문이다. 당신은 당신의 인생이 특별하다고 인식하고 믿는 그 자체로 충분하다.

이 책을 본 당신이 꿈을 가진 엄마가 되었으면 좋겠다. 내 인생에서 육아 10년이라는 시간이 경력단절이 아닌 한 걸음 더 성장할 수 있는 발판이 되었으면 좋겠다. 그런 마음을 담아 책을 만들고 싶었다. 나의 엄마에게, 내 여동생에게, 내 친구에게, 육아와 집안일에 시달리며 사는 것보단 육아와 집안일을 병행하면서도 나 자신을 지키며 살면 좀 더 재밌고 건강하고 행복한 삶이 된다고 말해주고 싶었다. 이제는 엄마의 친구들, 여동생의 친구, 내 친구의 친구인 이 세상 모든 엄마에게 이 책을 선물하고 싶다. 나의 선물이 13,000원이라는 카드 값보다 훨씬 가치 있는 선물이 될 수 있길 바라며 글을 쓴다.

책은 머리가 아닌 가슴으로 쓰는 것이다.

자 존 감 이
1 c m   자 란 다

《자존감 수업》, 윤홍균

 나는 25살까지 책 읽기에 전혀 흥미가 없었다.
글쓰기에는 더더욱 흥미가 없었다. 지방대 국문학과를 성실함
만으로 졸업하고, 관련 없는 중소기업 경리로 7년을 일했다.
그리고 임신과 동시에 전업주부 백수가 되었다.

매년 시립도서관에서 열리는 독후감 대회. 두 번을 참가했다.
큰 상은 아니었지만, 입상은 했다. 올해도 역시 가벼운 마음으로
참가했고, 수상을 기대했다. 그런데 이게 어찌 된 일인가? 내
이름이 없다. 어쩌지? 가장 걸리는 건 남편이었다. 고소하다는
듯 "그깟 지방 독후감 대회 하나 수상하지 못하는 사람이 책을
써요?"라며 비아냥거리겠지. 난 정말 책을 쓸 사람이 아닌가?
글쓰기를 너무 쉽게 봤나?

하루를 미뤄서 남편에게 수상하지 못했다는 말을 꺼내놓았다. 이럴 줄 알았으면 몰래 참가하는 거였는데. 가장 가까운 사람에게조차 숨기고 싶은 비밀이 생긴다는 건 슬픈 일이다. 남편은 기다렸다는 듯 "독후감은 3장밖에 안 되는데 그 3장도 사람들이 알아봐주지 않는데, 책 한 권을 돈 주고 사 볼 사람들이 있겠냐"라고 했다. 그런 말이 나올 것으로 이미 다 예상하고 있었지만 울컥했다. 그래도 울지는 않았다. 그러면 포기하게 될 것 같아서. 울면서 "그래 안 한다 안 해!" 해버리면 내 꿈은 이렇게 접어지게 될지도 모른다. 이 굴욕적인 순간만 잘 넘기면 나는 평생 작가라는 꿈을 다시 꿀 수 있을 것이다. 이를 악물어도 조금 슬픈 하루다. 위로받고 싶은데 말할 곳도 없고 위로해줄 사람도 없다.

내가 책을 쓴다고 말했을 때, 남편은 이렇게 말했다.

"엥? (너 따위가 무슨 책이냐) 아기 다 키우고 써. (그 시간에 아기한테나 신경 쓰세요)"

아내의 꿈 따위는 안중에도 없고 오직 아들만 걱정인 남편에게 배신감도 들었다. 더 큰 배신감은 아이가 다 자라고 나면 다시 사회로 나가 돈 벌어오길 바랄 것 같다는 것이다. 한마디로 지금은 아기만 봤으면 좋겠고, 아이가 자라면 나가서 돈을 벌어오면 좋겠다는 말씀.

내게도 아이는 소중하다. 그런데 내 인생도 소중하다. 그래서 아기 키우면서 하고 싶은 일 해보겠다는데 이렇게 비협조적일 수가 있는가?

한번은 영어공부가 하고 싶다고 하니 "그 시간에 밥을 해달라"고 했다. 식모를 쓰지 왜 나랑 사니? 내가 새벽부터 밤까지 영어학원에 다니며 무슨 통역사라도 될 것처럼 공부할 줄 알았나 보다. 집에서 영화로 영어공부 해보려는 거였는데. 그것도 아이에게 영어를 자연스럽게 노출시키는 엄마가 되고 싶어서 영어공부 하고 싶었던 건데. 내가 뭐든 하고 싶은 마음만 생기면 하기도 전에 초를 친다. 결혼 전엔 우주를 다 줄 것처럼 이야기하던 그 사람. 지금 이 사람. 그때 그 사람이 맞나?

"종이 값 아깝다. 전기세 아깝다. 제발 그 시간에 잠이나 자라"면서 비아냥거리고, 무시하고, 관심을 안 줘도 내 의지가 꺾이지 않으니 남편의 기세가 한풀 꺾여 '해보라'고는 했다. (당장 돈 드는 건 아니니까) 하지만 완벽한 허락은 아니다. 응원은 한 톨도 없다. 그의 속마음은 '어디 A4 1장이라도 제대로 써봐라. 어디 그게 쉽나?'라며 제풀에 기가 꺾이기를 바라고 있을 것이다. 어디 진짜 누가 이기는지 두고 보자. 난 이 책을 꼭 완성해야 한다.

한편으론 남편에게도 인정받지 못한 내 글을 누가 읽어주기나 할까? 열렬한 지지가 아닌 "그래, 한 번 해봐"다. 조그만 관심이 필요했을 뿐인데, 남편에게 나는 왜 이리도 쓸모없는 존재가 되어버렸을까?

남편이 원하는 건 단 하나, '아내가 나를 쓸모 있는 존재로 생각해주는 것'이다. 이것이 남편의 자존감이다. 한편, 부인의 자존감은 공감에 달려 있다. 남편이 자신의 감정을 공유한다고 여기면 부부의 만족도도 높아진다.

"난 네가 책을 쓰면 너무 '맑음 맑음' 할까 봐 걱정돼. 너한텐 그늘이 없잖아."

친구는 내게 이렇게 말했다. 하지만 내가 생각하는 나는 흐린 아이다. 물론 남들 앞에서는 힘든 티를 내지 않으려 노력한다. 티 내봐야 도움 될 게 없으니까. 덕분에 그늘 없이 사는 것처럼 보일지도 모르겠다. 내가 힘들 때 힘들다고 말하는 것보다 나는 남의 힘듦을 알아주고 들어주는 편이 더 편하다. 그런데 막상 친구의 말을 듣고 나니 걱정이 된다. 다른 사람들에게 보이는 내 모습처럼 내 책도 '맑음 맑음' 해서 아무 걱정 없는 사람처럼 보이면 어쩌지? 그게 진짜 내 모습은 아닌데. 많은 책에서 작가의 개인적인 이야기들을 들려준다. 빚으로 점철된 가난한 삶, 갑자기 찾아온 건강의 적신호, 부모님의 부재, 배우자와 이혼, 자식 문제 등. 세상은 다양한 얼굴로 우리를 찾아와 삶을 아프게 한다.

두 살 때 부모님이 이혼하고 외조부 밑에서 자란 버락 오바마. 인종차별도 심했던 그 시절, 그는 마약에까지 손을 대게 된다. 이런 역경 속에서도 그는 미국의 대통령으로 세계의 평화와 민주주의를 위한 최고의 인물이 된다. 또 세계적으로 유명한 오프라 윈프리는 어릴 적 성폭행을 당해 미혼모의 삶을 살았다. 자신의 아픔을 숨기고 비관만 하며 살았다면, 그녀는 평생 그늘진 삶에서 벗어나지 못했을 것이다. 하지만 그녀는 자신이 진행하는 토크쇼에서 자신의 아픈 과거를 고백함으로써 많은 사람의 공감을 얻어내고 최고의 인기를 얻을 수 있었다.

책을 읽기 전의 나는 훨씬 더 어둡고 소심했었다. 그늘의 정체는 곱슬머리였다. 나는 어릴 적부터 심한 곱슬머리였다. 물론 지금도 마찬가지다. 요즘은 미용술이 발달하여 매직 스트레이트가 나오긴 했지만 내 곱슬을 감당하기에는 아직 부족하다. 더 획기적인 기술이 나오길 바라본다. 내가 죽기 전에.

그런 남들과 다름이 나를 더 조용하고 소심한 아이로 만들었다. 성격을 바꾸게 된 계기는 책이고 사람이었다. 남자들은 모두 긴 생머리 여자만 이상형으로 좋아할 줄 알았는데, 나를 사랑해주는 남자를 만났다. 책을 보면서 몸이 아프거나 정신이 피폐해지는 것보단 차라리 '머리 모양쯤이야 살아가는 데 그리 큰 불편은 아니잖아'라는 위안을 찾았다. 또 나보다 훨씬 큰 콤플렉스도 개성으로 받아들이는 사람들을 만났다. 혼자 아파하며 사는 건 내 인생에 도움이 안 되겠다고 생각했다. 세상의 모든 콤플렉스가 누군가에게 상처가 아닌 위로해줄 수 있는 한 가지가 되길 바란다. 괜찮다. 세상에 완벽한 인간은 없으니. 나의 모자람을 내가 껴안지 못하면, 이 세상에서 그걸 보듬어줄 사람이 누가 있겠는가.

자존감을 회복하면 오히려 자신의 허물을 인정하고 받아들인다.

"뜬구름 잡고 있는 것 같아."
내가 책을 쓴다고 말했을 때 돌아온 가장 적합한 반응이었다. 기분은 썩 좋지 않았지만 반박할 수 없었다. 하고 싶은 이야기를 구체적으로 정하지도 않았고, 정했다 해도 능력이 검증되지도 않은 글을 쓰기에 아무런 준비가 되어 있지 않았다.

책을 쓰는 것, 처음 시작부터 어려울 거라 예상은 했다. 쓰면 쓸수록 생각보다 더 어려운 일이었다. 자꾸만 내 무덤을 내가 파고 있는 기분이 들었다. 글은 계속 써가고 있지만, 이 글이 과연 산으로 가는지 바다로 가는지 방향을 알 수 없다. 헛되이 시간만 보내며 에너지를 낭비하고 있는지도 모르겠다. 이때 나를 강하게 유혹하는 것이 있었다. 바로 책 쓰기 강의다.

- 등록만 하면 무조건 책이 나오게 해준다.
- 베스트셀러 작가인 선생님의 코칭을 받을 수 있다.
- 너덜너덜한 내 글도 그곳에 가면 반짝반짝 빛날 수 있을 것 같다.
- 책 쓰기의 방향을 확실히 잡아줄 수 있을 것 같다.
- 수강자의 90%가 출판사와 계약했다.

그래, 이거다! 나는 책 쓰기 학교에 등록하고 싶었다. 사실 처음 글쓰기를 하고 싶다는 마음이 들었을 때 자연스럽게 '나는 전문적으로 글쓰기를 배운 적이 없으므로 당연히 글쓰기 학교에서 배워서 책을 내야 해'라고 생각했다. 학교에 등록하는 것을 오히려 전문적인 절차를 밟는 과정인 양 자부심까지 들었다. 이런 학교가 있다고 친구에게 이야기했더니 친구가 말했다.

"네가 그곳에서 배워 와서 책을 쓰면 평범한 엄마들하고 다르지 않겠어?"

그 말을 듣고 나는 책 쓰기 학교 등록의 꿈을 접었다. 다른 주제로 책을 쓰고 싶었다면 전문적인 과정을 밟는 게 도움이 되었을 것이다. 하지만 나는 "나도 당신과 똑같은 평범한 주부예요"라는 내용을 담은 책을 쓰고 싶었다. 그래놓고 평범한 주부답지 않게 애랑 남편을 두고 식비, 차비, 강의비까지 거의 1천만 원을 쓰면서 학교에 다녀오는 건 반칙이라는 생각이 들었다. 그래서 하루에 한 장씩 글을 써서 남편에게 봐달라고 했다. 내 글이 어떤지, 더 첨가해야 할 점은 없는지. 아이디어가 떠오르거나 책에 관한 모든 이야기를 다 상의하고 싶었다.

그런데 이분은 내가 글을 쓰는 자체를 별로 달가워하지 않는 분이었구나. 처음엔 못마땅해도 점점 나아질 줄 알았다. 내 글을 보고 흥미를 느끼게 될 줄 알았다. 기대한 내가 잘못이지, 가면 갈수록 내 글을 읽는 걸 귀찮아했다. 내 글이 재미없는 이유도 있었겠지. 하루는 아무 말 없이 글도 안 보여줬다. 오늘은 글 안 썼냐, 왜 안 썼냐, 궁금해 할 줄 알았더니 아무 말도 없는 거다. 그 후로 남편에게 보여주지 않고 혼자 쓰기로 했다. 그래, 인생은 혼자 가는 거였지. 무소의 뿔처럼 혼자 가야지.

외로운 날엔 자존감이 끝없이 추락한다. 남들과 비교하게 되고,

열등감을 느끼게 되며, 환경을 원망하게 된다. 나는 못났으니 남편도 자식도 친구도 모두 떠날 것이라는 생각이 든다. 나는 사랑받을 가치가 없다고 생각한다. 한마디로 삶이 불행해진다. 내 인생은 망했다, 사라지고 싶다, 없어져 버리고 싶다, 죽고 싶다, 라는 생각이 들 수도 있다. 이유 없이 우울한 감정이 찾아와 문을 두드릴 때가 있다. 똑똑똑! 나 좀 들어가도 되나요? 결혼 전에도 우울함은 있었다. 그때는 술을 찾아, 친구를 찾아, 여행을 찾아, 남자친구를 찾아 우울함을 날려 보냈다. 최고조에 이른다면 정신과를 찾는 것도 좋은 방법이다. 자살하는 사람들이 죽을 힘으로 정신과를 한 번만 찾아가 봤다면 어땠을까? 우리나라 자살률은 반으로 줄지 않았을까?

나는 아직 정신과를 찾아갈 용기는 없다. 내 소심한 마음을 알아주셨는지 친절하게 우리 집까지 찾아와 상담해주신다. 미팅 시간도 내가 편한 시간에. 책만 펼치면 나와주신다.

《자존감 수업》의 저자 윤홍균 박사는 어릴 적 소심한 성격으로 자신을 믿지 못하며 살아왔다. 그러나 지금은 그 누구보다 행복한 인생을 살고 있다고 말한다. 그 이유는 무엇일까? 자신의 삶에 만족하는 이유를 찾아보자는 생각을 했고, 그 이유의 답이 이 책으로 나왔다고 한다.

감정이 상해 날이 서 있을 때는 그 누구도 나를 이해할 수 없으리라 생각한다. 이럴 때 만나야 할 사람이 의사 선생님이다. 의사라고 생각하면 믿음이 가고 나를 치료해줄 수 있으리라는 희망을 품을 수 있기 때문이다. 이분은 글을 통해 우리에게 하고 싶은 이야기를 전한다.

> 당신은 세상에 하나뿐인 소중한 사람입니다. 자신감을 갖고 맘껏 자신을 사랑하세요.

마음이 삐딱할 때, 누군가 내게 이런 조언을 해준다면 "넌 그게 쉽니?" 아니면 "남의 일이라고 함부로 말하지 마세요. 당신 일 아니니까 쉬워 보이죠?"라며 그나마 열었던 입도 꾹 닫아버릴지도 모른다.

이런 말은 책에서 들어야 한다. 그래야 먹힌다.

그럼, 자존감을 회복할 방법은 무엇인가?

> "나를 사랑하지 않고는 누구도 사랑할 수 없다."

자존감의 답은 '나를 사랑하기'다. 이 책을 든 당신은 자존감 그릇을 선물 받은 것이나 다름없다. 그릇에 조금씩 사랑을 채워 넣기만 하면 된다. 누군가를 사랑하는 능력은 결국 나를 사랑하는 것에서부터 시작된다. 나에 대해 먼저 알아야 한다. 내가 무엇을 좋아하고 싫어하며 나의 장점은 무엇이고 단점은 무엇인지. 그렇게 자기 자신의 콤플렉스도 알고 트라우마도 알게 된다. 모든 것을 있는 그대로 인정하는 것에서부터 자존감 회복은 시작된다. 자신의 허물을 인정하고 받아들이는 것이다.

그 방법으로 '사는 게 다 그렇지.' '괜찮아 일기' 도 알려준다. 편하게 숨 쉬고 사는 것만으로 감사하며 살 수 있는 삶, 얼마나 좋은가. 그리고 자존감 회복을 위해 매일 할 방법으로 걷기, 나를 사랑하는 표정 짓기, 혼잣말하기 등을 알려주니 어렵지 않게 실천해볼 수 있겠다.

자존감을 회복하고 나면 삶은 담대해지고, 뇌는 건강해져서 긍정적으로 변하고 걱정 따윈 무시하게 된다. 인생이 단순해진다. 자존감을 회복했다고 힘든 날이 오지 않는 건 아니다. 하지만 힘든 날이 오래가지 않는다. 회복이 빨라진다. 무엇보다 나를 위해 살게 된다. 자녀를 사랑할 때도 나의 행복을 추구해야 후회나 뒤끝이 없다.

> 봉사를 하더라도 자신을 위한 봉사여야 하고, 자녀를 사랑할 때도 나의 행복을 추구하는 수준에서 이뤄져야 후회나 뒤끝이 없다.

인생에서 가장 중요한 것은 무엇일까? 유년기엔 엄마 아빠였고, 학창시절엔 공부, 친구, 20대엔 자유, 취업, 30대엔 돈, 40대엔 명예, 50대엔 건강, 60대엔 손주 등. 하지만 저런 것들에 의지하고 기대어 살다 보면 나중에 뒤끝이 생기고 이유를 만들게 되고 변명이 생긴다. 누구 때문에, 뭐 때문에, 닳고 닳으며 인생의 가장 소중한 것을 생각해온 결과 지금 나에게 가장 중요한 답은 바로 자존감이다. 자존감이 없는 삶은 죽은 삶과 마찬가지다.

한 달에 100만 원 버는 월급쟁이도 하루에 100만 원 쓰는 부자보다 행복할 수 있다. 단 한 명의 친구를 가진 사람도 수 만 명의 팬을 가진 사람보다 행복할 수 있다. 시한부 인생을 사는 사람도 건강한 젊은이보다 행복할 수 있는 건 바로 자존감의 문제다.

> 숨 쉴 때 "사는 게 다 그렇지 뭐"라는 말도 함께 내뱉
> 도록 한다. 그저 편안히 숨을 쉴 수 있으면 다행이라
> 고 깨닫게 된다. 시니컬해지자.

이 문장만으로 인생의 짐은 반 이상 덜어낸 것 같다. 그래, 그렇게 무겁게만 살 필요 있나? 나만 못 난 거 아니잖아? 다 똑같

은 인간으로 태어난 거잖아? 그저 환경이 조금 다르고 채우고 있는 것, 외모가 조금 다른 것일 뿐, 다 거기서 거기잖아.

책을 쓰며 몇 번이고 바닥으로 곤두박질쳤던 나의 자존감. 한없이 낮아진 자존감을 또 책을 읽으며 회복하고 결국 한 권의 책을 쓰게 된다. 이 정도면 책은 평생 우리의 주치의가 되어줄 수 있지 않겠는가. 이 책이 비록 주인을 만나지 못할 수도 있다. 주인은 만났지만, 용도가 냄비 받침으로 전락할지도 모른다. 그래도 나는 이제 후회 없다. 인기 있는 책이 아닌 그저 내 이야기를 쓰고 싶었으니까.

마지막으로, 자존감을 끌어올리는 실천법 5가지를 적어본다.

1) 자신을 맹목적으로 사랑하기로 결심하기
2) 자신을 사랑하기
3) 스스로 선택하고 결정하기
4) 지금 여기에 집중하기
5) 패배주의를 뚫고 전진하기

어떤 순간에도 잊지 말자. 당신은 밀림의 왕이다. 세상의 중심이다. 당신은 세상에서 단 하나뿐인 소중한 존재이다.

나 로 살 아 가 는 것

《**인간 실격**》, 다자이 오사무

민음사 세계문학전집 시리즈에는 쉽게 손이 가지 않았다. 비장한 각오를 하고 나서야 눈길이 갔다. 집에 있는 시리즈 중 가장 얇은 책을 골라보았다. 표지에서 풍기는 느낌만 봐도 와, 어렵겠다. 인간에 관한 이야기라니, 그것도 실격이라니. 막상 첫 문장을 읽어 내려가니 내가 겁먹었던 철학적이거나 애매모호한 이야기가 아니었다. 그렇게 술술 읽으며 마지막 장을 덮었다. 그런데 책을 다 읽고 나서가 문제였다. '그래서 뭐 어쩌라고?' 책이 내게 주고자 하는 의미가 뭔지 알 수 없었다. 이런 쓰레기 같은 인간이 다 있구나. 작가 자신의 이야기일까? 이런 쓰레기 작가도 글을 써서 이렇게 유명해질 수 있구나. 책을 읽는 내내 불편하고 불쾌한 마음을 떨쳐버릴 수 없었다. 이런 책이 어떻게 고전으로 살아남은 건지 의심스러웠다. 인간의 바닥을 보여주며 도대체 나보고 뭘 깨달으라고? 라며 요조보다 나은 나의 삶을 백번 찬양할 마음도 생겼다. 이런 생각밖에 들지 않았던 나는 제대로 된 인간 실격이었다.

뒤에 나오는 해설을 보고 나서야 아, 이래서 유명한 책이었구나? 그제야 조금 이해할 수 있었다.

태어날 때부터 인간을 이해할 수 없었던 요조. 그 세계에 동화되기 위해 익살꾼으로 살아간다. 수줍음이 많은 아이였지만 견딜 수 없어 결국 그는 익살스럽게 변신한다. 남의 눈치 보며 살면서 비위를 잘 맞춰 인기도 많았다. 그게 누구건 상관없다. 적막한 상황은 견딜 수 없기 때문이다. 점점 인간 실격이 되어가는 요조를 무턱대고 비난하거나 미워할 수 없었다. 나 역시 완벽한 인간은 아니기 때문이다. 요조의 나약한 모습을 통해 내 안의 나약한 모습들이 자꾸 "안녕" 하고 나오는 바람에 보는 내내 불편했을지도 모른다.

하지만 그의 인생은 나이 들수록 병들고 만다. 그가 인간 실격이 되기까지는 무수한 변명과 핑계거리가 쌓이고 또 쌓인다. 친구나 술, 여자, 가족에 의해 그가 당한 것처럼 보이지만 모두 그가 선택한 것이다. 좌절하고 결국 마약에 중독돼 자살기도를 한다.

저는 익살이라는 가는 실로 간신히 인간과 연결될 수
있었던 것입니다.

엄마가 되고 나면 요조처럼 되기 쉽다. 나를 잃고 아이에 맞춰
남편에 맞춰 시댁 어른들 기분에 맞춰 살게 된다. 내게 이런 면
이 있었던가? 싶을 정도로 낯선 내 모습.

외출할 때 공주 구두와 짧은 치마를 좋아하던 내가 아이 잡으
러 다니기 편한 운동화와 레깅스를 즐겨 입는다. 아이유, 아델
의 노래를 좋아하던 내가 꼬마버스 타요, 노는 게 제일 좋은 뽀
로로 노래를 혼자서도 흥얼거린다. 매운 닭발, 비빔냉면을 좋
아하던 내가 아이가 먹다 남긴 닭가슴살, 잔치국수를 즐겨 먹
는다. 아이를 잉태하는 순간부터 점점 내 취향은 사라지고 아
이의 취향으로 나를 물들인다. 아이는 그동안 내가 살아온 세
상을 전혀 다른 세상으로 만들어준다. 좋은 점은 내가 기억하
지 못하는 어릴 적 나를 보게 해준다는 점이고 나쁜 점은 그러
면서 점점 나를 잃어간다는 점이다.

"나는 악어다." (바닥 기어 다니기)

"나는 티라노사우루스다." (공룡 손으로 다니기)

"맘마 딱 한 입만 더 먹자. 응?" (밥그릇 들고 쫓아다니기)

"얼른 씻고 초콜릿 먹자." (그나마 통하면 다행)

겉으로는 여전히 서글픈 익살을 연기해서 모두를 웃기면서도 문득 자기도 모르게 괴로운 한숨이 나왔습니다.

시댁이라는 곳 역시 내 기분을 그대로 다 표현할 수 없는 곳이다. 친정에서는 기분이 가라앉으면 방에 들어가 문 닫고 혼자 있을 수 있다. 밖에 나가 친구를 만나고 올 수도 있다. 그것도 아니면 책을 읽거나 맥주를 마시거나. 그런데 시댁에서는 뭘 할 수 있을까? 그 중 하나라도 하는 날엔 버릇없는 며느리로 낙인이 찍히진 않을까? 이해를 하실지, 못 하실지는 모르는 일이다. 시도조차 못 하는 나라는 사람이 진짜 문제다.

저는 가능한 한 인간들의 분쟁을 가까이하고 싶지 않았던 것입니다.

눈 뜨자마자 시작해 꼬마 상전의 비위를 맞추다 아이가 잠들고 나면 드디어 자유시간. 이 꿀맛 같은 시간을 무엇으로 보내는가? 아이 옆에 누워 숨죽이듯 휴대폰을 꺼내 인터넷 기사를 검색하고 쇼핑도 하고 인스타그램을 구경하기도 하고 그러다 밖으로 나와 놓친 드라마를 몰아서 보기도 한다.

〈인터넷 기사 검색〉 알아도 되고 몰라도 되는 연예인 이야기가 대부분.

〈쇼핑〉 하면 할수록 돈은 없는데 사고 싶은 욕구만 늘어남.

〈인스타그램〉 남들은 다 잘 먹고 잘 살고 행복한데 나만 아닌 것 같은 상실감.

〈드라마〉 환상속의 그대.

이렇게 자유시간을 허무하게 보내버리고 나면 잠에서 깬 아이의 울음소리에 짜증이 날 수도 있다. 한 것도 없는데 벌써 깼단 말이야? 이러면서 매일 똑같이 허무하게 시간을 보낸다.

단 하루라도 펄떡이는 물고기처럼 살아 숨 쉬는 시간을 보낸 적이 있는가? 아이가 잠들고 나면 해야 할 일을 메모해둬야 한다. 메모에 적힌 기사 검색이나 쇼핑 목록에 있는 물건 주문, 꼭 안부를 물어야 할 사람에게 인스타그램 근황 확인, 내가 좋아하는 연예인이나 장르물의 드라마 시청은 결코 허무한 시간이 아니다.

차이는 무엇인가? 스스로 나의 하루를 계획하고 결정하면서 살아가느냐, 그저 시간 보내기용으로 자유시간을 허비하느냐다. 죽은 하루를 살리는 방법 중 하나는 아침에 오늘 할 일을 적는 것. 인생의 주인이 되어 사는 하루는 살아 있는 하루다.

신에게 묻겠습니다. 무저항은 죄입니까?

가장 슬프면서 아름다웠던 그의 삶. 어쩐지 가엽고 마음을 아프게 하는 그. 그는 결국 사회에 적응하지 못한 순수함 때문에 인간 실격으로 전락하고 만다. 우리는 '인간 실격'이라는 말 자체로 그를 평가할 수 없다. 그건 뛰어난 사람들이 만든 기준에서 실격되었다는 것일 뿐이다. 요조의 눈을 통해 바라본 인간은 위선자들이고 거짓말쟁이들이었다. 우리는 우리의 눈과 기준을 통해 요조를 인간 실격이라고 말한다. 책을 다시 읽으며 세상 속에 타락한 나도 만나고, 요조라는 인물을 통해 순수한 인간의 내면을 가진 나도 만날 수 있어 다행이었다.

　인간 실격. 이제 저는 더 이상 인간이 아니었습니다.

'왜 이런 책을 읽어야 하나'라고 느꼈는데 책을 다 보고 난 후 그렇게 생각했던 것이 다행으로 느껴진다. 바로 이런 삶을 살지 않기 위해 읽어야 했다. 가장 무서운 건 나보다 남을 의식하며 사는 삶이 이렇게 인간을 망가뜨릴 수 있구나 하는 것이다. 요조의 수줍음과 여자를 탐하는 모습, 술에 취한 모습, 결국 정신병원에 끌려가는 모습. 인간의 단면을 보여주는 모습일 뿐이다. 요조를 생각하며 나는 오늘도 엄마, 아내, 며느리, 딸, 그리고 진정한 내 모습을 찾으며 살아가는 노력을 한다.

제가 지금까지 아비규환으로 살아온 소위 '인간'의
세계에서 단 한 가지 진리처럼 느껴지는 것은 그것뿐
입니다. 모든 것은 그저 지나갈 뿐입니다.

최 고 의   아 름 다 움 은
심 플

《**심플하게 산다**》, 도미니크 로로

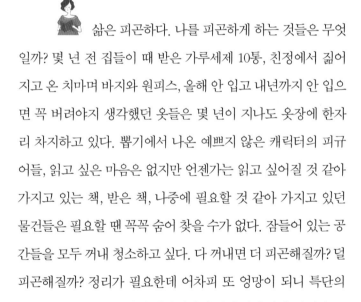

삶은 피곤하다. 나를 피곤하게 하는 것들은 무엇일까? 몇 년 전 집들이 때 받은 가루세제 10통, 친정에서 짊어지고 온 치마며 바지와 원피스, 올해 안 입고 내년까지 안 입으면 꼭 버려야지 생각했던 옷들은 몇 년이 지나도 옷장에 한자리 차지하고 있다. 뽑기에서 나온 예쁘지 않은 캐릭터의 피규어들, 읽고 싶은 마음은 없지만 언젠가는 읽고 싶어질 것 같아 가지고 있는 책, 받은 책, 나중에 필요할 것 같아 가지고 있던 물건들은 필요할 땐 꼭꼭 숨어 찾을 수가 없다. 잠들어 있는 공간들을 모두 꺼내 청소하고 싶다. 다 꺼내면 더 피곤해질까? 덜 피곤해질까? 정리가 필요한데 어차피 또 엉망이 되니 특단의 조치가 필요하다. 이렇게 엉망진창인 생활에서 만난 책이다.

요즘 미니멀이 대세다. 나는 그 중간 어디 즈음을 걷고 있다. 미니멀을 지향하면서도 또 너저분한 삶을 살고 있다. 스탠드, 노트북, 볼펜 1자루, 책 1권, 노트 1권. 내 책상에 올려진 물건이다. 다른 물건이 올라오면 그 즉시 쫓겨난다. 서랍이 없으니 정리를 안 해도 돼서 좋다.

　몸을 돌보는 일은 마음을 돌보는 일이다.

학창시절. 시험공부를 할 시간이 되면 왜 그리도 치워야 할 것이 많던지. 평상시엔 관심도 없다가 꼭 시험 때만 되면 청소가 하고 싶어지는지. 30분 청소하고 10분 책 챙기고 10분 휴대폰 보고 드디어 첫 페이지를 넘겼으나 어느새 공부 의욕은 바닥. 그러니 나는 공부를 못하는 아이였다. 책상 정리를 하느라 시간을 다 잡아먹고 밥을 먹으러 가거나, 진이 빠져 쉬게 된다. 청소는 공부의 열정을 식게 만드는 힘이 있다.
《심플하게 산다》라는 책을 읽고 내 삶을 가볍게 만들었다. 물건이 많고 복잡한 생활환경도 넉넉함이라는 장점이 있다. 하지만 꼭 필요한 물건을 찾기 어려워지면서 불편해지기 시작했다. 찾고 싶은 물건을 못 찾으면 짜증이 폭발한다. '분명히 여기 있었는데'라고 생각하며 온 집안을 뒤지지만 결국 나오지 않는다. 그렇게 포기하거나 다시 구매하는데, 나중에 생각지도 못한 곳에서 툭 튀어나온다. 시간이 지난 보물찾기처럼.

　우리가 진정 소유할 수 있는 단 한 가지는 하루하루의
　시간이다.

아이가 태어나면 더 심해진다. 움직이고 기어 다니기 시작하면서 온 집안 물건들은 장터가 열리듯 서랍에서 나오기 시작했다. 발 디딜 틈도 없이 널브러진 잡동사니보다 더 힘들었던 건 바로 남편의 태도였다. 퇴근 후 아이가 어질러 놓은 장난감과 쌓여 있는 설거지를 보고 트집을 잡았다. 아이가 놀고 있는데 치울 수도 없고, 또 놀다 보면 어지를 수도 있는 거지'라고 이해 못 하는 남편에게 서운한 생각만 생겼다. '자기가 한 번 온종일 아기랑 있어 봐요. 정리가 그리 쉽나!'
그날 밤, 남편이 비명을 질렀다. "악! 이거 뭐야!!!"
아무 생각 없이 자려고 누웠다가 아이가 이불에 두고 온 블록을 깔아뭉개셨나 보다. 나는 '쌤통이다' 하며 속으로 웃었다.
하지만 이런 삶이 계속될수록 내가 지치기 시작했다. 매일 다 꺼내 놓은 장난감들은 내 정신건강을 해치고 있었다. 책에서는 영혼을 망가뜨리고 옥죌 뿐이라고 말한다. 모든 걸 심플하게 바꿔야 할 때가 되었다. 힘들겠지만. 그것이 나와 아이, 그리고 남편의 정서에도 도움이 되리라. 쌓아두기만 했던 서랍이나 옷장 구석구석. 언젠가는 집안 곳곳을 모두 심플하게 만들 수 있길 바라며 내가 실천한 방법을 소개해보겠다.

냉장고

예전엔 먹든 안 먹든 냉장고 안을 가득 채워놔야 든든했다. 쌓아둔 음식들은 한 달, 두 달, 석 달이 지나도 안 먹고 그대로 쌓여만 있었다. 책을 읽고 정리하고 난 후로 음식을 많이 쟁여놓지 않는다. 얼마 전 주말, 친구네 냉장고가 고장 났다. 나는 AS를 불러보고 안 되면 우리 집으로 가져오라고 했다. 친구는 의아해하며 물었다. "냉장고에 여유가 있어?" 심플한 정리 덕분에 친구 집 냉동 물품들을 하룻밤 재워주기에 충분했다.

옷

'입을 옷이 없다.'
옷장 속에 옷이 차고 넘치지만 정작 나가려고 챙기년 입을 옷이 없는 것이 현실. 오늘도 큰맘 먹고 몇 가지 옷을 버렸지만 몇 년째 입지도 않으며 자리만 차지하고 있는 옷들이 수두룩하다. 나와 약속을 했다. 옷 한 벌 살 때마다 두 벌씩 버리기. 보통 3년 동안 입지 않는 옷은 평생 입지 않는다고 한다. 당신의 옷장에는 3년 동안 입지 않은 옷들이 몇 벌이나 자리 잡고 있는가? 당장 옷장을 열어 정리해보자.

장난감

남편은 아이 장난감을 살 때면 항상 이런 말을 한다. "아빠 클 때는 장난감 포크레인 하나만 가지고 놀았다." 아이에게 장난감을 사 줄 때는 온종일 떼도 안 쓰고 잘 놀아줄 거란 기대까지 가득 실어서 구매하게 된다. 하지만 그것도 잠시. 장난감 포장을 뜯는 순간 그 기대감도 같이 풀어지는 걸까? 아이들은 대부분 장난감에 쉽게 질린다. 금세 새로운 장난감을 좋아한다. 처음엔 아무것도 모르고 아이가 관심 있어 하거나 집어드는 것이면 하나둘씩 사줬다. 점점 장난감에 들어가는 돈이 많아지고, 집에 거들떠보지도 않는 장난감이 많아지자 '이러면 안 되겠다' 싶었다. 장난감도 정리가 필요했다. 안 가지고 노는 장난감은 모두 서랍에 넣어두고 가끔 새 것처럼 꺼내준다. 아이는 마치 새 장난감을 받은 것처럼 기뻐한다. 이 방법이 언제까지 통할지는 모르겠지만 리액션이 사라지는 그 날까지 해봐야겠다.

또 한 가지 방법은 장난감 대여소를 이용하는 것이다. 아이가 어릴 때는 '꼭 저렇게까지 장난감을 대여해줄 필요가 있을까?'라는 생각이 들었다. 하지만 곧 아이가 장난감을 좋아하고, 또 금방 싫증내는 성향을 알게 되었다. 그런 후 나는 그곳이 꼭 필요하다는 걸 느꼈다. 세상의 장난감은 모두 다 사주고 싶은 부모들의 마음을 가장 잘 대변해줄 수 있는 곳이라고 할까? 아이보다 내가 더 신나는 곳이기도 하다. 많지는 않지만 여수에도 무료로 장난감을 대여하고 옆에서 놀이방을 이용할 수도 있는 장난감 대여소가 여러 곳 있다. 이게 바로 일석이조! 장난감을 대여해 오면 아이가 좋아하는 장난감인지 지켜보고 사 줄 수도 있고 관심이 없으면 반납하고 또 다른 것을 대여하면 된다. 부담도 없고 여러 가지 장난감도 만져볼 수 있는 장난감 대여소가 많이 생기길 바란다.

책

다른 건 다 버려도 책은 못 버리겠다. 책도 냉장고와 마찬가지로 한 번 읽은 책이나 오래된 책은 다시 꺼내 보는 경우가 거의 없다. 하지만 안 입은 옷은 버릴 수 있을지라도, 책은 아직 못 버리는 나를 보면 미니멀리스트로 살기엔 내공을 좀 더 쌓아야 하나 보다.

그런데 오늘 책장과 책을 모두 버리고 작은 책장 하나만 살까, 하는 생각을 했다. 책을 읽고 깨달은 건 아니고, 지진이 일어났기 때문이다. 책보다 강력한 지진 한 방이었다. 뭐든 쟁여두면 큰일 나는 것 같다. 언젠가는 책 욕심도 버리고, 책장이 아닌 마음의 양식을 쌓을 수 있길 바라본다.

기타 등등

말 그대로 집안 곳곳에는 우리를 괴롭히는 기타 등등이 너무 많다. 버리지 못하는 이유는 '나중에 필요할까봐'다.

- 유통기한이 넘은 약들
- 집들이 때 받아 3년이 넘은 지금도 다 못 쓴 각종 세제
- 한 번 사면 끝까지 다 쓰기도 힘든데 종류별로 있는 샴푸
- 입술은 하난데 수십 개의 립스틱
- 꿰매서 신어야지 하고 몇 년째 넣어둔 양말

나도 쉽게 버리지 못하지만, 남편은 나보다 10배는 더 심하다. 그래서 되도록 신랑 몰래 버리는 편인데 정작 버리고 나도 그 물건을 다시 찾는 경우가 거의 없다. 필요도 없으면서 버리기는 싫은 심보다.

심플한 삶은 모든 것을 즐길 줄 아는 것, 가장 평범하고 보잘 것 없는 것에서도 즐거움을 발견하는 것이다.

가질수록 더 불편해진다는 것을 이 책을 통해 알았다. 또 실제 정리를 통해 깨닫게 되었다. 책에서는 보이는 것뿐만 아니라 시간, 마음, 건강, 관계 등 보이지 않는 부분까지 심플한 삶을 살아가는 방법을 알려준다. 책을 읽고 나면 내 눈 앞에 펼쳐진 복잡한 소유물들과 몸과 마음에 쌓인 노폐물까지 모두 깨끗하게 씻겨지고 정리된 기분이다. 우리는 끊임없이 더 자유롭고 가벼워지도록 노력해야 한다. 심플하면서도 충만한 삶을 통해 내 삶의 의미를 되돌아볼 수 있길 바란다. 최고의 아름다움은 심플함을 통해 얻어진다.

아름다운 인생을 만들어 나가는 것은 우리에게 주어진 최고의 사명이다.

지 금   이   순 간 이
또   올 까 ?

《 **다시 아이를 키운다면** 》, 박혜란

《엄마의 심야책방》 책 목록에 육아서는 넣고 싶
지 않았다. '아이'를 잘 키우는 방법이 아닌 '엄마'인 내가 잘
자라는 이야기를 나누고 싶었기 때문이다. 그럼에도 엄마라는
이름으로 살아가는 것이 아이를 떼어 놓고는 이야기할 수 없었
다. 읽었던 책 중에서 가장 좋았던 육아서이자, 아이에 대한 부
담과 짐을 덜 수 있었던 책을 소개해본다.

아이를 언젠가는 떠날 손님이라고 생각하면 아이에
대한 생각이 확 달라진다. 내 맘보다 아이의 맘을 살피
게 되고, 어떻게든 늘 잘해주고 싶고, 단점보다는 장점
에 더 눈이 가며, 조그만 호의에도 고마워하게 된다.

아이에게 충치가 생겨 치과에서 수면치료를 받고 왔다. 치료를 받는 동안 얼마나 마음을 졸였는지, 10년은 늙어버린 기분이다. 이래서 애 키우면 늙는구나. 치료가 끝난 후 아이를 보니 너무 대견해 참았던 눈물이 쏟아지고 말았다. 말썽꾸러기, 고집불통, 말 안 듣는 아이라도 이 순간만큼은 쌔근쌔근 고르게 들려오는 숨 쉬는 소리, 조금씩 일정하게 들썩이는 등짝을 보는 것만으로 감사해지는 하루다. 인간은 어리석게도 지금 내게 주어진 선물 같은 순간이나 소중한 것들은 챙기지 못하고, 지나간 것 아직 갖지 못한 것에만 미련을 두고 현재를 불평한다.

  그저 아무 탈 없이 착하고 튼튼하게 자라면 그것으로
  족하다. 나중에 커서는 제 좋아하는 일을 얻어 밥벌이
  하면서 그럭저럭 살면 제일이지 싶다.

4살이 된 아이를 데리고 다니면 지나가는 어르신들이 "아이고, 참 예쁠 때다. 그때가 제일 좋을 때야" 라고 말씀하신다. 당신들이 아이를 키우던 그때로 돌아가고 싶으신 걸까?
지나고 보니 아쉬운 순간들이 많다. 어린 시절도, 학창시절도, 사회생활을 처음 시작하던 그때도.
아쉬움도 가득하고 그립기도 한 그 시절들. 앞으로 10년, 20년 후에는 언제가 가장 그리워질까? 아마 4살 된 아이를 키우고 있는 지금이 아닐까? 지금의 나를 보며 말씀하시던 그 분들처럼. 현실 속의 나는 사실 쿨한 엄마인 편인데, (아이의 치과진료를 지켜보는 동안) 오늘만큼은 한껏 센치한 엄마가 되어본다.

내가 다시 아이를 키운다면?

머리를 많이 쓰다듬어줘야지

방바닥을 스케치북 삼아 작품에 심취해 있어도 심호흡 한 번 크게 하고 "아이고, 우리 아들 화가네"라며 머리를 쓰다듬어줘야지. 내가 설거지할 때 의자 밟고 옆에 서서 물장난하다 바닥을 한강으로 만들어놔도 심호흡 한 번 하고 "우리 아들, 나중에 설거지 잘 하겠네"라고 머리를 쓰담쓰담 해줘야지.

아이가 지금 행복하면 내일도 행복할 거고 일주일 후에도 행복할 건 분명히 예측할 수 있다. 그러니 아이의 미래를 불안해하지 말고 그럴 기운을 모아 아이의 오늘을 행복하게 만드는 쪽이 훨씬 이익이 아닌가.

눈을 맞추며 말해야지

아이를 키우며 세상을 다시 보게 된다. 나비도 보이고 무당벌

레도 보이고 새로운 간판도 보이고 개미만 봐도 반갑게 인사한다. "아가야, 개미도 소풍가나봐." 세상에 존재하는 모든 것이 새롭게 보인다. 비눗방울만 불어줘도 강아지처럼 맑은 눈으로 좋아하는 아이. 세상의 모든 존재에 이름을 붙여주며 오래 바라보고 눈을 맞추며 이야기해야지.

내 생각으로는 어렸을 때 키워 주어야 할 것은 인지능력이 아니라 공부건 놀이건 즐기는 법을 가르치는 일이 아닌가 싶다.

코를 킁킁거릴 수 있게 맛있는 음식을 많이 만들어줘야지

멸치 한 가지로 밥을 먹인 적도 많고, 김 하나로만 먹인 적도 많고, 계란 후라이 하나로만 먹인 적도 많다. 그때는 다 그럴만한 사정이 있었겠지. 그렇게 부실했던 엄마의 상차림에도 튼튼하고 건강하게 잘 자라준 아이에게 너무 고맙다. 엄마가 레시피 연구 더 열심히 해볼게.

만약 내가 아이 키우던 그 시절로 돌아갈 수만 있다면 가장 하고 싶은 일은, 아이들에게 정성 들여 만든 친환경 먹을거리로 식탁을 채우고 필수영양소를 고루 갖춘 음식을 만들어주는 거다.

더 많이 사랑한다 말해야지

문득 아이가 "엄마 예뻐"라면서 내 볼을 쓰다듬어 준다. "정말?" 좋아하던 오빠에게 고백이라도 받은 것 마냥 마음에 봄바람이 불어온다. 나도 아이에게 사랑 표현을 자주 해줘야 하는데 말처럼 쉽게 하지 못하는 성격이다. 지금보다 더 크면 입이 더 안 떨어질 테니 오늘밤엔 꼭 사랑한다고 말해줘야겠다.

아이 키우는 가장 큰 소득은 이렇게 아이를 키우는 과정에서 나도 덩달아 커 가는 게 아닐까.

손잡고 발맞춰 천천히 걸어야지

같이 다니다 보면 얼른 오라고 재촉할 때가 많다. 특히 마트에 가면 "너 놔두고 엄마 혼자 집에 간다"라고 으름장을 놓은 적도 많았다. 나도 백화점 옷 매장에 가면 눈이 휘둥그레져서 발길이 쉽게 떨어지지 않고, 여기저기 다 들어가 보고 싶고, 다 사고 싶고 그러면서, 아이의 세상 구경에는 왜 그리도 급하고 여유 없이 인색한지.

이만큼 살아 보니 아이들을 키우는 시간은 정말 잠깐 이더라. 인생에 그토록 재미있고 보람찬 시간은 또다시 오지 않는 것 같더라. 그러니 그렇게 비장한 자세를 잡지 말고, 신경을 곤두세우지 말고, 마음을 편하게, 쉽게, 재미있게 그 일을 즐겨라. 쌩뚱맞게 들리겠지만 부모 마음으로 키우지 말고 손주 보듯 해라. 그러면 만사형통이려니.

네 마음을 더 깊이 읽어야지

좋아한다고 했는지 기억도 안 나는데, 아이가 내게 "엄마 새 좋아하지?" 라고 묻는다. 대충 넘기려고 "그래, 좋아하지" 라고 답했다. 잠시 후, 아이가 블록으로 만든 새를 선물한다. 책에서 새 그림이 나오면 곧장 들고 와 내게 보여준다. 젓가락 두 개가 살짝 ×자로만 삐뚤어져 있어도 "엄마가 좋아하는 새다, 새" 라며 뛸 듯이 좋아한다. 아직 동그라미도 제대로 그리지 못하는 작은 손으로 알 수 없는 선들의 조합을 그려 새라며 내게 선물한다. 고마워, 아가야. 나는 지금껏 너에게 '돈'으로 선물할 수 있는 것 말고, 마음을 선물한 적이 있었을까?

아이한테 세상물정을 빨리 익혀라, 그래야 남에게 뒤

지지 않는다고 채근하는 대신 부모가 때로는 아이의 마음으로 돌아가 보는 연습을 해보면 어떨까. 부모도 한때는 순수한 아이였던 적이 있으니 그리 어려운 과제가 아니지 않을까.

아이에게 엄마는 우주의 중심이다. 내가 이런 말 할 자격이 있는지 모르겠다. 우주의 중심답지 못하게 아이를 방치할 때도 있고 휴대폰만 들여다볼 때도 있고 내 일이 우선일 때도 있고 아이가 귀찮을 때도 있고 남편과 다퉜을 때는 그 화가 고스란히 아이에게 가기도 한다. 지나고 보면 가슴이 찢어진다.
엄마가 슬프면 아이도 슬프다. 엄마가 기쁘면 아이도 기쁘다. 그래서 엄마의 역할은 정말 중요하다. 엄마의 기분을 크게 좌지우지하는 사람은 남편이다. 그러니 엄마 아빠가 모두 노력하고 행복해야 아이도 행복하다. 일 다녀와서 피곤하다는 이유로 가정을 등한시하거나 회사 일이 중요하다는 이유로 가정을 소홀히 하면 가정은 올바로 서지 못한다. 아빠 혹은 남편의 자리는 그 어떤 것으로도 채울 수 없다. 아이에게 화를 내면 아이는 나라를 잃은 표정으로 엉엉 운다. 아이는 과자 하나, 장난감 하나가 세상의 전부인 듯 서럽게 운다. 나는 왜 이깟 조그만 것을 가지고 아이를 울리고 있나? 라는 생각이 들 때도 있다. 그런데

이 천사와 악마의 두 얼굴을 가진 아이는 엄마가 화내고 짜증 부려도 엄마가 젤 좋단다. 나를 이렇게 좋아하는 사람이 또 있을까.

모든 것은 다 지나가듯이, 육아 또한 잠깐이면 지나간다. 그 잠깐을 걱정으로 채우지 말고 즐거움으로 채워가면 나머지 인생도 그렇게 채워질 거라고 믿는다.

아이가 노는 모습을 가만히 바라본다. 이 녀석은 딸기 몇 알에도 함박웃음을 짓고, 하하하하하~ 원주민 추장님처럼 춤을 추고 다니며, 두루마리 휴지만 가지고도 온 집안을 끌고 다니며 기차놀이에 빠질 수 있고, 소방차 책 한 권으로 10번 이상 질리지 않고 언제나 처음 읽는 책처럼 볼 수 있는 놀라운 능력을 갖추고 있다. 바라보고 있노라면 그 모습들이 너무 부럽다. **나도 어릴 땐 저렇게 아무것도 아닌 것으로도 온 세상을 다 가진 듯 기뻤을까?**

아이를 잘 키우는 것은 좋은 엄마가 되는 것, 결국 좋은 사람이 되는 것이 먼저다. 절대, 다시 오진 않겠지. 오늘 이 순간. 너를 보듬어줄 수 있는 시간들. 그리 오래 남아 있지는 않다. 오늘 더 많이 사랑해야지. 나를 그리고 너를. 아가야 다시 태어나도 너의 엄마로, 나의 아가로 만나자.

내가 생각하는 좋은 엄마는 이런 엄마다.

첫째, 아이의 존재 자체를 사랑하고 고맙게 생각한다.
둘째, 아이를 끝까지 믿어 준다.
셋째, 아이의 말에 귀를 기울인다.
넷째, 아이의 생각을 존중한다.
다섯째, 아이를 자주 껴안아 준다.
여섯째, 아이와 노는 것을 즐긴다.
일곱째, 아이에게 공동체의 룰을 가르친다.
여덟째, 아이에게 짜증을 내지 않는다.
아홉째, 아이에게 잔소리를 하지 않으려 노력한다. 특히 공부하라는.

엄마에게도
과외가 필요하다

《**모리와 함께한 화요일**》, 미치 앨봄

어릴 적 〈TV는 사랑을 싣고〉라는 프로그램을 즐겨 봤다. 보고 싶고, 그리운 사람을 찾아주고 만나게 해주는 프로였다. "따~라라~라~란~" 음악이 나오면 주인공이 나왔을지 안 나왔을지 나도 모르게 콩닥콩닥 가슴을 졸였다. 찾는 주인공은 대부분 학교 은사가 많았다. 그 분의 등장과 동시에 어쩔 줄 몰라 하며 얼굴을 감싸고 눈물을 펑펑 쏟아내는 의뢰인. 서로 부둥켜안으며 "늦어서 죄송하다" "아니다, 찾아줘서 고맙다" 그동안 못한 말과 그리움을 쏟아낸다. 두 사람에겐 내가 모르는 많은 추억이 쌓여 있겠지?

나는 유치원부터 대학 때까지 17년 동안 기억에 남는 스승이 한 분도 없다. 물론 나를 기억하는 스승도 없을 것이다. 인생을 살면서 참된 스승을 만나는 건 큰 축복이다. 서른이 넘은 지금까지도 스승의 날이면 학교를 찾아가는 친구를 보면 부럽기도 하고 왜 나는 그런 스승을 만나지 못했나? 아쉬운 마음도 든다. 그건 평계에 불과하고 기억에 남을 만한 학생으로 살아오지 못했던 점이 더 아쉬운 거겠지.

늘 조용해서 있는지 없는지도 몰랐던 학생. 최대한 눈에 띄지 않으려 행동을 조심했던 학생. 그렇다고 공부를 잘 하지도 않았던 학생. 그게 나였다. 모범생도 말썽꾸러기도 아닌 학생을 기억해주는 선생님은 흔치 않을 것이다. 학교는 왜 다니는 걸까? 사회에 나가기 전 기초 지식을 배우고 인간관계도 배운다. 서툴고 미숙한 나이들이기에 우리가 가는 길을 올바로 이끌어줄 선생님도 계신다.

엄마에게도 과외가 필요하다. 아이만 학원 다니고 과외가 필요한 게 아니다. 엄마 노릇 하려면 배우고 또 깨닫고 숙제도 하고 예습 복습도 해야 한다. 학교도 학원도 없는데 어디서 배워야 할까?

고전을 읽는 건 수천 년 전 위대한 사람들로부터 과외를 받는 것과 같다. 요즘 잘 나가는 선생님께 수업을 받으려면 얼마나 들까? 수십만 원에서 수백만 원까지 학원비는 비싸지만, 성적까지 값에 비례하지는 않는다.

작가들은 스타강사다. 그들은 과외비를 얼마로 책정했을까? 놀라지 마시라. 단돈 만 원에서 이만 원 안짝이다. 그 값만 치르면 내가 만나고자 하는 시간에 어느 장소에서든 만날 수 있다. 단이 분은 즉시 답을 해주지 않는다. 하지만 그 분이 하시는 말씀을 들으며, 어려우면 책을 덮고 생각을 정리해볼 수도 있고 아니면 건너뛸 수도 있다. 자유로우면서 자발성을 가지고 얼마든지 우리의 능력을 충분히 발휘할 수 있게 해준다. 책은 긴 세월 동안 우리들의 입에 그리고 마음에 오르내린 작품이다. 지루하고 힘들어도 받아들여야 한다. 그 가치를 인정해야 한다.

나는 서른셋에 인생의 참 스승을 만나게 되었다. 만약 〈TV는 사랑을 싣고〉가 부활한다면 나는 이 분을 꼭 찾아달라고, 의뢰할 것이다. 물론 그 분에게 나란 존재는 얼굴 한 번 본 적 없는 이방인이겠지만 말이다. 모리 교수님은 나만의 과외선생님이다.

《모리와 함께한 화요일》은 모리 교수의 제자 미치 앨봄이 쓴 책이다. 은사 모리는 루게릭병으로 죽음을 앞두고 있다. 화요일마다 만난 모리와 제자의 수업 주제는 '인생의 의미'였다. 죽음을 앞둔 그는 우리에게 삶을 이야기해준다. 그가 살면서 느낀 사랑, 일, 공동체 사회, 가족, 나이 든다는 것, 용서, 후회, 감정, 결혼, 죽음을 생각해보게 한다.

어떻게 죽어야 할지 알면 어떻게 살아야 할지 알게 된다.

죽음과 맞닥뜨리면 어떨까? 시한부 인생을 선고 받는다면? 처음엔 원망스러울 것이다. 왜 하필 나냐고. 못해본 것들이 너무 많다고. 화가 치밀어 오른다. 나를 제외하고 모든 세상 사람들은 아무 일 없다는 듯 각자의 일을 하고 있다는 것. 나만 멈춰 있다는 것. 그렇게 죽음을 받아들이게 되겠지. 그런 다음 해탈을 하겠지. 아, 이제 남은 인생을 어떻게 보내면 좋을까?
그는 남은 인생에 대해 계획을 세운다. 본인이 죽어가는 것을 보며 다른 사람들이 죽음을 배울 수 있게, 세상에 대한 원망이 아닌 남아 있는 사람들을 위한 선한 남김으로 죽음을 받아들인다.

난 지금 마지막 여행을 하고 있고 사람들은 내게서 그들
이 나중에 어떤 짐을 챙겨야 하는지를 듣고 싶어 하지.

나는 편안한 죽음을 꿈꾼다. '죽음'이 포인트가 아니고 '편안함'이 포인트다. 안타깝게도 모리 교수는 죽음의 문에 다다랐을 때 상당히 고통스러웠다. 그의 신체는 이미 본인의 의지대로 움직일 수 없는 껍데기만 남아 있었다. 누군가의 도움 없이는 화장실도 못가고 코조차도 풀 수 없는 수치를 느껴야 했다.

그가 가장 두려웠던 건 어느 날 누군가 내 엉덩이를 닦아줘야만 한다는 사실이었다. 그 와중에 모리 교수가 느낀 죽음의 관점은 이렇다.

이 모든 것들을 전부 우연이라고 믿기에는 우주란 너무나 조화롭고 웅장하고 압도적이군.

이게 무슨 말인가? 고통스럽고 수치스럽게 죽어가는 본인의 모습에 세상을 원망할 만도 하다. '도대체 내가 무슨 그렇게 큰 죄를 지었냐고! 차라리 나를 빨리 죽여 달라고.' 이렇게 말이다. 그런데 세상을 웅장하고 조화롭게 볼 수 있다니? 모든 것을 해탈한 뒤에야 나올 수 있는 말이다.

주위의 모든 것들이 짜증으로 느껴질 때가 있다. 속도 모르고 밖에서 술만 마시고 돌아다니는 남편, 자기 고집만 부리며 떼쓰는 아이, 여기 아프다 저기 아프다 자식에게 기대려 하는 부모님, 은근히 자랑질만 해대는 친구. 나를 이해해줄 수 있는 사람은 아무도 없다.

인생을 의미 있게 보내려면 자신을 사랑해 주는 사람들을 위해서 살아야 하네.

뭐라고요? 제가 지금 저 인간들 때문에 숨이 막혀 죽겠다니까 저 사람들을 위해서 살라구요? 차라리 도망쳐버리고 싶어요.

삶이 영원히 계속되지 않는다는 것을 깨달아야만 삶을 소중히 여기게 된다. 사랑을 나눠 주는 법과 사랑을 받아들이는 법을 배우는 게 인생에서 가장 중요하다는 거야.

육아에 찌든 엄마들은 말한다. 다음 생에는 아이를 낳지 않는 건 물론이고, 결혼도 하지 않고 '욜로족'으로 살겠다고. 육아가 내 육체와 정신을 갉아먹을 땐 물론 나도 그렇다. 이번 생에는 이미 낳았으니 죽으나 사나 키워야 한다. 하지만 한번 해봤으니 다음 생엔 이런 실수 하지 말자. 결혼과 육아.

자식을 갖는 것과 같은 경험은 이 세상 어떤 것과도 다르지요. 라고만 간단하게 말해. 타인에 대해 완벽한 책임감을 경험하고 싶다면, 그리고 사랑하는 법과 가장 깊이 서로 엮이는 법을 배우고 싶다면 자식을 가져야 해. 고통스러운 대가는 그들을 두고 떠나는 것.

가족이 거기에서 자신을 지켜봐 주고 있으리라는 걸 느

끼는 게 바로 정신적인 안정감이야. 가족 말고는 세상의

그 무엇도 그걸 줄 수는 없어. 돈도 명예도.

스승님의 말씀에 나는 흔들린다. 이번 생에 저지른 실수를 또 하게 될지도 모르겠다. 그리스 신화에 나오는 시시포스는 바윗덩어리를 산꼭대기로 굴려 올리는 벌을 받게 된다. 죽을 힘 다해 산꼭대기로 올리면 재빨리 아래로 떨어져버리는 바위. 그 벌은 인간이 세상을 살아가면서 받게 된 벌인지도 모르겠다. 하지만 그는 삶에 대한 애착으로 절대 포기하지 않는다. 인간의 숙명인 것이다. 그렇게 생각하면 인생은 훨씬 더 살기 쉬워진다. 어떤 스승을 만나느냐에 따라 어떤 삶을 살게 되느냐가 달라질 수 있다. 나는 학교에서 좋은 스승을 만나지는 못했지만, 책에서 좋은 스승을 만났다. 그리고 그 분으로 인해 내 삶이 달라지고 있다. 책은 방전된 나를 가다듬는 시간을 준다.

누군가 그런 방향으로 이끌어 줄 사람이 필요해. 혼자선

그런 생각을 하며 살기 힘든 법이거든. 우리 모두 평생의

스승이 필요하다는 것을.

모리에게 배운 가장 큰 점은 바로 일상의 소중함이다. 지금 우

리는 짬만 나면 인스타를 하며 어쭙잖은 친구를 부러워하면서 시간을 낭비하고 있다. 모리에게 건강한 24시간이 주어진다면 그는 무엇을 할까?

아침에 일어나 운동을 하고 저녁엔 스파게티. 정말 소박했다. 너무도 평범했다. 사실 난 좀 실망했다. 어떻게 그렇게도 평범한 하루에서 완벽함을 찾을 수가 있을까? 바로 그것이 삶에서 가장 중요한 것임을.

나의 평범한 하루도 만약 내일 하루밖에 살 수 없는 운명이 된다면 눈물 나게 귀하고 소중해지겠지. 우리는 그걸 느끼지 못하고 무한한 것처럼 쓰고 있다. 그게 문제다.

"생은 밀고 당김의 연속이네."
"어느 쪽이 이기나요?"
"사랑이 이기지. 언제나 사랑이 이긴다네."
서로 사랑하지 않으면 멸망하리.

인생에서 영어 단어보다 미적분보다 중요한 것이 있다. 바로 인생의 의미를 찾아가면서 살아가는 삶이다. 한 사람의 삶과 그가 죽어가는 모습을 통해 우리의 삶을 돌아보고 앞으로 우리가 나아갈 방향을 찾게 된다. 인간 교과서를 자처한 것이다. 그는 나의 영원한 스승으로 남을 것이다.

　그의 묘비명. 마지막까지 스승이었던 이.

평범한 일상을
특별하게 만든다

《보통의 존재》, 이석원

국민 요정이자 섹시 스타 이효리가 머리 긴 기타 치는 남자 이상순 씨와 결혼한다고 했을 때 솔직히 충격이었다. 아니, 어쩌다 저런. 하지만 그는 최근 국민 남편감으로 자리 잡았다. 어쩌다 이런, 시집 한 번 정말 잘 갔구나. 그녀도 스스로 이렇게 말한다. 다시 태어나도 나랑 제발 결혼해줬으면 좋겠다고. 천하의 이효리가 말이다. 그의 매력은 무엇일까? 나는 아무리 찾아봐도 외모는 아닌 것 같고, 외모까지 멋있어 보이게 만들 수 있는 그의 포용력과 편안함이 아닌가 싶다.

나를 위한 하루인지 타인을 위한 하루인지 모를 하루가 시작된다. 아침 양치질만 해도 그렇다. 나 혼자 있으면 견딜 만하다. 그런데 남편과 아이와 말을 섞으려면 양치를 해야 한다. 머리 감기도 그렇다. 혼자 있으면 견딜 만하다. 그런데 누군가 바람에 날린 내 머리 냄새를 맡게 되는 게 두려워 머리를 감는다. 더러워진 신발도, 유행지난 옷도. 오늘은 남의 시선 신경 쓰지 않고 자유롭게 살아야지. 생각은 해도 막상 실행하기는 힘들다. 오늘도.

그런데 이 책, 나를 참 편하게 해준다. 데이트 갈 때 머리에 기름이 차 있어도, 늘어진 티와 파자마를 입고 있어도, 괜찮을 만큼. 가볍고 소탈하게 있는 그대로도 충분히 괜찮다고 해줄 것 같다. 이상순 씨 같은 책.

　나의 사랑했던 게으른 날들.

여행을 가고 외식을 하는 하루도 특별한 하루다. 하지만 멀리 여행을 가지 않고도 값비싼 저녁을 먹지 않아도 충분히 특별한 하루를 만들 수 있다. 그건 바로 일상 속에서 소소한 기쁨을 찾는 것이다. 상대방의 말 한마디가 될 수도 있고, 오늘따라 잘된 밑반찬이 될 수도 있고, 무심코 본 책 속의 한 줄이나 TV 드라마의 대사 한 마디로 나의 특별한 하루를 만들어 본다면 어떨까? 아니면 정말 아무것도 하지 않고 손 하나 까딱하지 않는 기록적인 하루도 정말 멋진 하루가 될 것 같다. 오늘 당신의 하루에는 어떤 소소한 행복이 찾아왔나요?

> 인생이라는 바다 위를 표류하는 사람들은 저마다의
> 구원을 꿈꾸기 마련인데 나에겐 그것이 '여행과 책'
> 두 가지였다.

아이를 데리고 나들이를 나가면 신기하게도 그 끝은 잡기 놀이
다. 백화점을 가든 공원을 가든 박물관을 가든 식당을 가든 집
에서 놀든 어딜 가든 기-승-전-잡기 놀이인 셈이다.

아이들은 어디를 데려다 놔도 놀 준비가 되어 있다. 둘만 모여
도 재미있게 노는 모습이 부럽기도 하다. 뭐가 저렇게도 재미
있을까? 나이를 먹을수록 재미있게 노는 법도 잊어버리나 보
다. 서글프게도.

"친구야, 주말에 뭐했어?"

"친구야, 방학 때 뭐했어?"

주말이나 방학을 보내고 온 친구들에게 선생님이 근황을 묻는
다. 그런데 주말에 아무 데도 다녀오지 않은 친구들은 이야기
를 지어서 거짓말을 한다고 한다. 충격이다. 내 삶을 살아가는
것보단 다른 사람에게 인정받고 싶어서 움직이는 느낌이다. 어
른뿐만이 아닌 어린이들까지도. 아무것도 하지 않아도 괜찮은

데 말이다.

"쉬고 싶어서 숨쉬기만 했어요."

"아빠가 짜파게티를 만들어 주셨어요. 저도 어른이 되면 아빠에게 꼭 맛있는 짜파게티를 만들어줄 거예요."

"책에 나온 공룡을 보고 엄마랑 아빠랑 모두 공룡으로 변신을 했어요."

"아빠는 피아노, 엄마는 피리, 동생은 탬버린, 저는 노래를 하며 가족 음악회를 열었어요."

나는 요리를 할 때 절대 꼼꼼하게 하지 못한다. 다른 일을 할 때도 마찬가지다. 파를 썰 때도 하나씩 써는 게 아니라 두세 개를 포개어 듬성듬성 썰어야 직성이 풀린다. 직성이 풀린다는 표현을 꼭 완벽함을 추구할 때만 쓰는 건 아니겠지. 또 소금 1/2 스푼을 넣으라는 지시가 있을 때도 양념 통을 대충 흔들어 눈대중으로 넣어댄다. 그러다 왕창 들이부어진 날이 있었다. 그것도 시아버님께서 우리 집에 식사하러 오신 날, 만둣국이었다. 왕창 들어간 소금을 그대로 다시 걷어낼 틈도 없이 모두 녹아버렸다. 결국 큰 냄비로 옮겨 물을 더 들이부었다. 어휴~ 과일 깎기도 대충이다. 친정 아빠는 내가 깎아둔 껍질을 드신다. 거기에 살이 더 많은 것 같다며.

이런 나라서 미안하다. 하지만 이런 나도 보통의 존재인걸, 어쩌겠나.

이 작가의 글은 어쩜 이렇게 군더더기가 없는가. 이 책을 독후감 쓰는 내 글에는 군더더기가 덕지덕지 붙어 있어 부끄럽다. 이 분은 이혼을 하고 정신병원 치료도 받고 고기도 밀가루도 고춧가루도 아무것도 먹지 못하고 현재 사랑하는 일도 없다. 왠지 나보다 훨씬 못나 보이는 이 분에게 나는 위로 받는다. 못난이처럼. 이런 그도 잘살고 있으니 우리도 너무 머리 아프게 아등바등 살지 말자고. 이 어설픈 오빠에게 배울 점은 오랫동안 일기를 써 왔다는 점이다. 나는 그 글을 통해 특별한 선물을 받았다.

책에 나오는 모든 소재 자체가 이런 거로도 글이 써지나? 싶은 별거 아닌 것들이다. 그런데 그 소소하고 보통의 것들로 나는 위대함까지 느끼게 되었다. 보통의 존재는 참으로 신비로웠다. 우리도 모두 그런 존재들이다.

나 를 지 키 는
비 밀 무 기 하 나 쯤

《**여덟 단어**》, 박웅현

 결혼해서 피가 한 방울도 섞이지 않은 사람과 한 집에 산다는 건 쉽지 않은 일이다. 물론 이 사람이다, 내 평생을 함께할 사람이다, 운명을 너에게 맡기겠다, 손에 물 한 방울 묻히지 않게 해주겠다, 라는 달콤한 말들로 약속하고 내가 선택한 사람이었기에 당연히 좋은 시간도 있다.

그런데 살다 보면 느끼게 된다. 사랑이 전부가 아니라는 것을. 현실에 부딪쳐 사랑을 찾아보려 해도 조금씩 깨지고 서서히 사라진다. 그럼에도 불구하고 견뎌야 하는 게 결혼생활. 그뿐인가, 목숨 걸고 낳은 아기는 시도 때도 없이 울어대고 내 아이가 맞나 싶을 정도로 나를 괴롭힌다. 이건 사는 게 아니라 오롯이 아이의 몸종이 된 기분. 그동안 누려왔던 혼자만의 자유는 찾아볼 수가 없다.

이런 삶 속에 이해가 필요했다. 이 모든 것들을 받아들이고 더 즐거운 마음으로 하루를 헤쳐 나가야 할 이유와 방법. "책 읽어서 뭐하게?"라고 하는 질문에 "최소한 인간답게 살려고"라는 답을 찾았다. 책을 많이 읽는다고 최고의 인간이라 단정할 수는 없다. 하지만 '최소한 인간답게 산다'고 말할 수는 있다. 책은 지식뿐만 아니라 생각을 위해 읽는 것이다. 육아와 집안일에 찌든 나를 지킬 수 있는 시간이 필요하다. 시간과 공간에 제약을 받지 않으면서 나를 지킬 유일한 방법, 바로 책이다. 엄마와 아내에서 벗어나 나를 찾을 수 있게 해준다.

이렇게 나를 지키는 비밀 무기는 육아에서도 필요했다. 좋아하는 구절을 언제나 볼 수 있도록 가까이 두는 것. 평정심을 잃었을 때 언제든 꺼내 볼 수 있을 것. 그런 책을 가지고 있으면 삶이 든든해진다.

> 책을 읽는 가장 큰 이유 중 하나가 좀 더 올바른 시각으로 삶을 대하는 것이기 때문입니다.

이 한 문장만 마음에 품고 있어도 좀 더 나은 삶을 살아갈 수 있으리란 희망을 품게 된다. 마음에 드는 문구가 있으면 휴대폰 메인에 올리기도 하고 새로 산 다이어리에 적기도 한다. 그 이유는 무엇인가? 이 글로 내 마음가짐을 올바로 하겠다는 의지다. 글에는 힘이 있고 감동도 있고 올바른 방향으로 이끌고 생각하게 하는 매력이 있다. 그 한 문장은 내게 선물이다. 책은 내게 매일 선물을 준다.

책은 생각을 깨는 도구다. 우리는 아는 것으로 세상을 보고 느낀다. 책은 우리가 몰랐던 세상을 보여주며 우리의 생각과 마음에 문을 두드린다.

정보가 넘쳐나는 시대, 아기 변기를 사려고 인터넷을 검색하면 수많은 사이트와 상품, 홍보 및 체험 정보들로 정신을 못 차리게 된다. 선택 장애가 온다. 나를 유혹하는 수많은 사이트와 블로그 광고들이 여기저기서 호객행위를 한다. 창을 클릭해보면 광고성 짙은 글도 수두룩하다.

아이들 책을 사려 해도 마찬가지다. 뇌 교육이다, 이 교구를 안 다뤄보면 초등학교 가서 해본 아이와 안 해본 아이로 나뉜다고 위협한다. 처음엔 귀가 솔깃해서 우리아이도 당장 해야 할 것 같았다. 금액에 망설이며 남편과 상의해보겠다고 하면, 아니 엄마가 돼서 아이를 위해 이거 하나 결정 못하냐며 엄마의 자격까지 논한다. 학교는 배우러 가는 곳이다. 몰랐다고 꾸중 받거나 놀림감이 되는 학교가 올바른 곳인가? 먹고 살기도 힘든 세상에 이제 겨우 말을 시작하고 세상을 하나씩 알아가는 서너 살 아이에게 몇 백 몇 천만 원씩 들여가며 비싼 수업을 꼭 받아야 하는 건지 씁쓸해진다.

이제 우리에겐 정확한 정보를 판단하는 힘을 기르는 능력이 더 중시된다. 넘쳐나는 정보의 홍수 속에서 거름종이 같은 역할을 해주는 것은 엄마들의 비판력이다. 모든 정보는 스마트폰 안에 들어 있다. 하지만 그 정보를 판단하는 비판 능력은 독서를 통해 키워진다. 즉 스스로 생각하는 힘을 기른다. 옆집 엄마만 졸졸 따라 하는 엄마가 되지는 말자. 나를 지키는, 아이를 지키는 나의 비밀무기 하나쯤은 갖고 있자.

나를 무시하지 마라.
모든 사람은 폭탄이다.
다 다르다. 살아온 과정, 모두 독특.
Best one, only one.
"그럼에도 불구하고…"
모든 인간은 완벽하게 불완전하다.

살아가면서 생각을 붙잡지 않고 살아가면 되는 대로 살아가기 쉽다. 매일 만취하도록 술을 마시고 다음날 후회하고, 달빛이

드리우면 또 술이 고파지는 삶은 누구도 원치 않을 것이다.

삶 자체가 고난이다. 내 삶은 왜 이리도 고통이 많은 걸까? 산 넘어 산이라는 말이 딱 맞다. 하지만 내가 산을 넘고 또 다른 산을 만났을 때 책에서는 여러 가지 상황을 보여주면서 더 악한 상황도 있다는 것을 간접경험하게 해준다. 미리 싸우고 깨지고, 다쳐가며 선행 학습하듯 삶의 내공을 쌓게 도와준다.

여덟 개의 키워드는 '자존, 본질, 고전, 견(見), 현재, 권위, 소통, 인생' 입니다.

이 책은 머리말만 읽고 내 인생 책으로 꼽았다. 하루를 살면서 여덟 단어 중 단 한 가지만 마음속에 품고 살아도 의미 있는 하루가 된다. 그런 하루하루가 쌓여 내 인생도 가치 있는 삶이 되겠지. 각각의 자세한 내용은 《여덟 단어》 책을 통해 보면 더 깊이 있게 받아들일 수 있다. 감히 요약하거나 내 생각을 곁들일 엄두가 나질 않는다.

스티브 잡스는 인생은 "점과 점은 이어진다" 라고 말했다. 오늘 당신이 찍은 점은 어디인가? 드라마인가 책 한 권인가? 어떤 그림을 위해 버려지는 점은 없다. 우리가 오늘 하루 찍은 점역시 버려지는 시간은 없다.

슬 픔 이 라 도
기 뻐

《**두근두근 내 인생**》, 김애란

추석 연휴가 열흘이나 되었다. 연휴의 마지막 날, 아이도 늦잠을 잔다. 8시가 조금 넘자 뒤척뒤척 깨어난다. 쪼르르 달려와 나에게 안겨야 하는 아들이 나오질 않는다. 아빠가 가보니 문 앞에서 한쪽 발을 무릎에 세우고 삼각형 모양으로 서 있다. 왜 그런 거지? 안아달라 해서 안고 거실로 나왔다. 이제 발을 디뎌보는데 어? 왼쪽 발을 아예 디디질 못하고 걷지도 못한다. 순간 별 생각이 다 든다.

우린 어제 곡성 기차마을에 놀러 갔다가 내가 우겨서 진주 남강 유등축제까지 장작 13시간의 여정을 보내고 집으로 돌아왔다. 남편이 아이 발을 살펴보니 발목에 힘이 없다. 유등축제흔들다리에서 발목을 접질렸을까? 아예 못 걷게 되면 어쩌지? 집

스라도 해야 하는 걸까? 모든 것이 내 책임이다.

정신이 혼란스럽다. 쇼크가 오나 보다. 혈압이 떨어지는 걸까? 온몸에 힘이 빠지고, 속이 울렁거리고 토할 것 같다. 토하러 갔더니 얼굴이 창백해져 있다. 식은땀도 난다. 좀 누워 있었다. 남편은 병원 가야 되는데 왜 안 나오고 누워있냐고 한다. (이 양반이 정말!) 아기는 계속 기어 다니고 걷지는 못하니 병원은 데려가 봐야 할 것 같다.

소아과에 가보니 감기나 설사 증상 없었냐고 묻고 정형외과로 가봐야 한다고 접수를 넘겨준다. 엑스레이 찍어보니 일과성 활염막염인 것 같다고 하신다. 약도 안 먹고 1~2주 지나면 괜찮아지는 경우가 많다고 하신다. 에구, 불행 중 다행이다. 너무 다행이다.

어느 날, 아이가 눈을 깜박거리기 시작한다. 왜지? 왜지? 오만 가지 생각이 든다. 요즘 밖에 좀 돌아다녔더니 안구건조증인가? TV를 많이 봐서 그런가? 무슨 스트레스가 생겼나? 우리 부부가 많이 싸워서 그런가? 사람들 많은 곳에 가서 그런 건가? 요즘 자기 전 눈썹을 만지던데 눈썹이 눈을 찔러서 그런가? 교회 열심히 다니지 않아서 그런가? 차라리 눈에 생긴 병이면 다행이겠다. 정신에 생긴 병이면 원인을 찾기도 치료도 어려울 텐데, 만약 틱이면 어쩌지? 아직 장애에 대한 인식이 좋지 않은 우리나라에서 과연 살 수 있을까? 세 식구 이민이라도 가야 하나? 남아계신 부모님께는 효도도 다 못하고 어쩌나? 나랑 아들만 가야 하나? 우리 가정은 이대로 파산 나는 건가? 눈 깜박거림 하나로 이미 엄마의 마음은 벼랑 끝에 매달려 있다. 이럴 때 남편이라도 좀 신경 써주고 힘이 되어주면 얼마나 고마운가. 별일 아닌 듯 말하고 회식할 거 다 하고 들어오면 정말 꼴 보기 싫다. 제발 아이가 아플 때만이라도 일찍 좀 들어와라. 나의 과장된 걱정 덕분인지 다행히 아이 눈은 안약 몇 번으로 괜찮아졌다.

아이가 35개월로 접어들었을 때 아직 양칫물을 뱉어내지 못했다. 별게 다 문제로구나. 직접 보여주고 말로 해봐야 소용이 없었다. 양칫물을 계속 삼키기만 했다. 혀에 문제가 있나? 구강구조에 문제가 있나? 발달이 늦은 건가? 왜 못하는 거지? 결국 또 상상의 나래를 펼치게 된다.

갑자기 알레르기가 나고, 입술이 찢어지고, 머리에 혹이 나고, 더 심하고 끔찍한 일들이 많다. 그래서 우린 늘 마음의 준비를 해야 한다. 무엇으로? 책으로.

이것은 가장 어린 부모와 가장 늙은 자식의 이야기다.

아이가 태어나고 나는 과대망상중 환자이자 걱정쟁이가 되었다. 모든 것이 걱정이다. 잠을 자고 있어도 숨은 제대로 쉬는지, 손가락을 코에 대보기도 하고 출근하는 남편이 사고나 당하지 않을까 걱정, 길을 가다가도 저 사람이 나를 해치지 않을까 걱정이 된다. 은행에 가도 누가 내 지갑을 훔쳐가지 않을까 과일을 먹어도 농약이 많지는 않을까 운전하다가도 덤프트럭이 나를 받지는 않을까 부모님이 쓰러지시진 않을까 만사가 걱정이다.

아이가 감기에 걸렸다. 흔한 감기라고 무시할 수는 없다. 아이의 수발을 드느니 내가 아픈 편이 백배 낫다. 1평도 안 되는 콧구멍에 코딱지 큰놈이 자리 잡고 있다. 콧물이 자꾸 뒤로 넘어가 숨쉬기도 힘들어한다. 코를 '흥' 하고 풀지도 못해 '코뺑'이라는 기구로 코를 빨아줘야 한다. 코뺑이 애 잡는다. 너무 싫어해 좀 놔두면 콧물이 계속 흘러 코 밑이 빨갛게 헐어버린다. 어느 것 하나 쉽지 않다. 잠드는 것도 힘들다. '콜록콜록' 온몸이 흔들릴 정도로 기침을 해대면 폐렴으로 전이되지 않을까 걱정이 된다. 예전엔 폐렴으로 사람이 죽기도 했다는데 어쩌나, 코가 막혀 씩씩거리며 자는 날엔 숨이 제대로 안 쉬어지면 어쩌나, 노심초사 밤잠을 설친다. 아가야, 빨리 나아라.

아이가 토를 한다. 저녁밥 먹은 게 체했을까? 상한 음식을 먹었을까? 우유를 너무 많이 먹었을까? 면역력이 떨어졌을까? 작은 몸으로 '꿀럭꿀럭' 토를 해대는 모습이 너무 안쓰럽다. 밤새 토하는 날이 있었는데 그땐 아이를 안고 계속 서 있거나 앉아서 밤을 꼴딱 샜다. 토하다 기운이 다 빠져 지쳐서 자는 아기의 모습을 보니 정말 마음이 아팠다. 병원 문 열자마자 진료를 받는다. 다행히 밤새 힘들었던 아가는 주사를 맞고 정상으로 돌아왔다. 아가야, 제발 아프지 말아라.

아이가 예방접종을 맞은 후 팔이 부어올랐다. 맞은 부위가 벌에라도 쏘인 듯 두 배로 부어올랐고 아이는 계속 가려워한다. 열도 나고. 만지지 못하게 말려야 해서 더 안쓰럽다. 얼마나 가려울까. 의사 선생님은 1,000명 중 한 명의 아가에게 일어날 수 있는 부작용이라고 한다. 왜 하필 우리 아가에게 나타났을까? 한편으로는 주사기 감염이 아닐까, 아니면 다른 주사를 맞아버린 건 아닌가? 저렇게 퉁퉁 부어오른 팔이 과연 원래의 모습으로 돌아오기는 할까? 의문을 가득 품고 다른 병원을 방문한다. 역시 선생님은 그럴 수도 있다며 바르는 약과 가려움을 덜 하는 먹는 약을 처방해 주신다. 이틀 뒤부터 팔이 가라앉기 시작한다. 아가야, 제발 아프지 말아라.

뭘 잘하지 않아도 좋으니까 말이야. 건강하기만 했으면 좋겠다. 그래 그거면 되겠다.

아이에게 문제가 생기거나 어디 한 군데 아프기라도 하면 엄마는 죄인이 된다. 엄마는 강하다고 했는데 아이가 아픈 것에는 면역이 생기질 않는다. 아플 때마다 당황스럽고 너무 힘들다. 걸음이 늦다고, 말이 늦다고, 다리가 휜 것 같다고, 머리숱이 너무 없다고, 많이 운다고, 많이 떼쓴다고, 태어나는 순간부터 아이는 걱정덩어리였다. 우리 부모님께 나도 그런 존재였을까? 아이가 태어난 것은 내가 기억하지 못하는 어릴 적을 기억하라고 보낸 거라고 했다. 그 말이 마음 속 깊이 와 닿는다.

사람들은 왜 아이를 낳을까? 자기가 기억하지 못하는 생을 다시 살고 싶어서. 누구도 본인의 어린 시절을 또렷하게 기억하지는 못하니까. 특히 서너 살 이전의 경험은 온전히 복원될 수 없는 거니까, 자식을 통해 그걸 보는 거다. 그 시간을 다시 겪어보는 거다.

열일곱에 아이를 가진 부부, 그들에겐 시간이 많지 않다. 아이는 무럭무럭 자라는 게 아니라 늙고 있다. 아버지보다 늙어버린 아이. 나중에 아버지로 다시 태어나 아버지의 마음을 알고 싶다는 아이.
아기와의 만남은 세상을 바라보는 중심축의 이동이다. 자식은 세상사 내 마음대로 되지 않는다는 걸 알려주려고 세상에 왔다. 사실 결혼 전에는 꼭 아기를 키우며 살고 싶은 생각은 없었다. 오히려 일이 좋아, 아니 좋은 건 아니었고 해야만 할 것 같아 오래 일하며 살고 싶었다. 그런데 아이를 갖고 입덧을 하고 보니 아이를 키우는 게 그리 쉽진 않다는 걸 깨달았다. 입덧은 온종일 멀미하는 기분이다. 앉아 있기도 힘든데 무슨 일을 하겠는가? 입덧으로 자리를 비우는 일이 잦아지고 회사에 피해를 끼치고 싶지 않아 이것은 '애를 키우라는 내 운명이구나'라는 생각이 들어 퇴사를 결정했다. 지금 생각하면 입덧이 심해 회사도 그만두고 아이에게 전념할 수 있게 해주었으니 오히려 감사한 마음도 있다. 아마 그런 증상이 없었다면 일을 계속 했을 수도 있고, 아이 키우기가 이렇게 힘든 줄 몰랐을지도 모른다. 앞으로 아이와 함께할 수 있는 시간이 얼마나 남았을까? 그동안 너에게 무슨 일이 생기든 어떤 아픔과 슬픔이 찾아오더라도 너라는 기쁨으로 살아갈게.

미안해하지 마. 누군가를 위해 슬퍼할 수 있다는 건
흔치 않은 일이야. 네가 나의 슬픔이라 기뻐.

1 : 1 무료
창업 컨설팅

《**술 먹는 책방**》, 김진양

소파에 앉아 유리창 너머로 세상을 본다. 중간까지 둘러있는 휀스 너머로 보니 감옥에 갇힌 기분이다. 그러든지 말든지 바깥세상은 아랑곳하지 않고 바쁘게 돌아간다. 갇혀있는 내 시계만 멈춰 있다. 마트에 가는 차, 세탁소에 가는 차, 저녁 식사를 가는 차까지. 한 대도 빠짐없이 모두 부럽다. 나는 코앞에도 훌쩍 나갈 수 없다.

임신하고 아이를 키운 지 5년 차. 나의 일상은 아기 케어 & 책이다. 내가 책을 읽는다고 하면 "아이고, 팔자도 좋다" "그 시간에 아기나 봐라" "그 쓸데없는 것을 왜" "잠이나 자라"고들 했다. 그런 말에 아랑곳하지 않았다. 새벽 4시에 일어나서도 보고, 아기가 블록 가지고 놀 때도 보고, TV 볼 때도 보고, 밥 먹이면서도 보고, 더 기를 쓰고 책을 읽었다. 행복하기 위해서.

나는 책에서 생각하는 법, 세상을 대하는 법을 구경한다. 사실 나보다 훌륭한 책 전문가들이 많다. 그런데도 엄마를 위한 책을 쓴 이유는 쉽게 다가가도록 재미를 주고 싶었다. 책을 읽으며 길을 잃기도 하고 길을 찾기도 했다. 어디로 가야 할지 모르는 캄캄한 방황 속에서 한 줄기 빛이 되어줄 등대 같은 책이 되고 싶었다. 더 크고 빛나는 등대도 많지만, 엄마들이 길을 잃었을 때 언제나 쉽게 찾을 수 있는 가장 가까이에 있는 등대가 되고 싶다.

요술 램프? 그래, 이거다! 책은 내게 피곤함에 절어 감긴 눈도 뜨게 만들고, 불평불만으로 가득한 입을 닫게 만들고, 집안에만 갇혀 아이와 남편과 씨름하며 생성된 부정적인 세포들도 깨끗하게 정화시켜 준다. 그야말로 《엄마의 요술 램프》.

설레는 마음으로 나의 첫 번째 독자에게 쪼르르 달려가 물었다.

"자기야, 내 책 제목 '엄마의 요술 램프' 어때?"

"음, 글쎄. 요리책 느낌 아닌가?"

남편은 아직 잉크 맛도 보지 못한 내 책에 시원하게 찬물을 끼얹어 주셨다. '그래. 책 쓰기가 이렇게 쉬우면 안 되는 거지.' 다시 노트북 앞에 앉았다. 찬물을 맞아서인지, 다시 정신을 차리고 보니 그 제목은 좀 유치해 보인다. 그래도 다시 책은 나를 설레게 한다. 수많은 모래알 속에 숨은 진주라도 찾은 기분이다.

요술 램프는 왜 나를 그토록 설레게 했는지
요술 램프는 나를 어떻게 변화시켰는지
요술 램프는 어디서 찾아야 하는지
요술 램프는 어떤 소원을 들어주는지
지금부터 천천히 이야기해 보려 한다. (우리 남편에게도)

돈 없이 시작할 수 있는 일에 한계가 있다. 뭐든 돈이 있어야
한다. 하지만 책을 읽고, 쓰기는 최소한의 자본으로 시작할 수
있다. 도서관 왕복 버스비 3,000원, 끄적거릴 노트 1,000원 정
도면 시작할 수 있다.

인생을 살면서 경험은 중요하다. 하지만 미국에 직접 가더라도
다 보지 못하고 오는 게 사람이다. 직접적인 체험에는 한계가 있
다. 책을 통해 경험하고 간다면 간접적인 경험이 더 핵심을 보게
만든다. 책을 읽는 것은 그야말로 가성비 최고인 경험이다.

결국 자기가 하고 싶은 일을 하면서 사는 것이 더 큰
행복을 만들 수 있는 것이 아닌가 싶다.

점심을 먹고 나면 잠이 몰려온다. 아이가 낮잠을 잘 때 옆에 같이 누워 한숨 자도 누가 뭐라 할 사람 없다. 너무 졸려 좀 잘까 싶다가도 정신이 번쩍 들어 세면대로 달려가 세수를 한다. 잠을 깨기 위해서. 고등학교 때 이렇게 공부를 했으면 더 똑똑한 엄마가 되었을까? 지금은 아무도 시키지 않는데 왜 그러는 것일까. 그건 바로 하고 싶은 게 있고, 이루고 싶은 간절한 마음이 있기 때문이다.

또 하고 싶은 일이 생겼다. 사진첩에 예쁜 카페나 서점 사진만 500장 정도 모아 놨다. 머릿속엔 가게의 상호나 컨셉, 손님맞이, 메뉴판 등을 고민하고 있다. 신고 일할 슬리퍼도 골라두고, 매장에 틀 음악도 골라 놨다. 나만의 책 욕심을 해소할 수 있는 곳, 서점을 운영하는 것이다. 도서관 건립이 꿈이지만 그 꿈을 이루기 위해서는 먼저 돈을 모아야 한다. 그래야 도서관을 세우지. **서점을 꾸려서 돈을 벌어 도서관을 건립해야겠다.**

이제 나는 이 책방이 그때의 나처럼 비슷한 감정을 느끼고 있을 누군가의 안식처가 되었으면 좋겠다고 생각한다.

우선 남편에게 "여보, 나 서점해보고 싶어요"라고 하니 망하고 싶어서 환장한 사람을 바라보듯 한심하게 처다본다. "요즘 있는 서점도 다 망하는 거 몰라?"라고 일침을 가한다. 머리로는 알겠는데 어딘가에서 끓어오르는 용광로 같은 이 마음을 주체할 수가 없다.

뭐부터 준비해야 하나? 서점은 어떻게 만들어지는 거지? 책 보는 공간도 만들고, 커피 마시는 공간도 있으면 좋겠다. 그럼 북카페가 좋을까? 어디서부터 시작해야 하지? 혼자 고민하다 서점 주인이 쓴 책을 찾았다. 가이드를 만난 듯 든든하다. 내 모든 궁금증을 책에서 답해줄 것 같다. 직접 발품을 팔아 찾아뵙고 문의도 드리고 답변을 받으면 가장 좋다. 하지만 내 형편이 아이를 데리고 다녀야 할 상황이고, 주인장도 나처럼 문의하는 사람이 얼마나 많겠는가? 이 책은 가게를 처음 시작할 때부터 노하우나 앞으로의 방향까지 따뜻하고 친절하게 알려준다. 처음에 남편은 서점도 반대하고 카페도 반대했다. 근데 책을 읽고 난 후에는 "서점이 이렇게 잘 될 수도 있나?"라며 긍정 한 스푼을 더했다.

"이 많은 책들 거래는 처음에 어떻게 시작하셨어요?"
"저 완전 콜센터 직원이었잖아요."

책과 맥주라는 아이템의 조화. 집에서 책 보면서 맥주 한 잔씩 하긴 하지만 그걸 장사에 적용한다는 건 쉽지 않은 일이다. 그 쉽고도 어려운 일을 행동으로 옮겨 대박이 난 사장님이 바로 이 책의 저자다.

한 가지 확실하게 말해줄 수 있는 건 모든 것을 다 내려놓고 비우면, 새로운 것을 시작할 수 있는 에너지가 생긴다는 것.

발품을 팔지 않아도 책상에 앉아서 그들의 노하우를 배울 수 있고, 오랜 시간 갈고 닦아온 내공을 훔쳐볼 수 있다. 거기다 새로운 아이디어까지 제공해준다. 아직 실행에 옮기지는 못했다. 그런데 하고 싶은 게 많다는 것만으로 나는 매일이 너무 행복하고 설렌다. 앞으로 책에서 또 얼마나 많은 아이디어와 꿈을 갖게 될지 기대가 된다. 1:1 무료 창업 컨설팅은 덤이다, 덤.

오 늘 밤 주 인 공 은
나 야 나

《미 비 포 유》, 조조 모예스

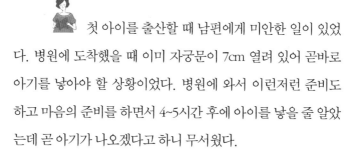첫 아이를 출산할 때 남편에게 미안한 일이 있었다. 병원에 도착했을 때 이미 자궁문이 7cm 열려 있어 곧바로 아기를 낳아야 할 상황이었다. 병원에 와서 이런저런 준비도 하고 마음의 준비를 하면서 4~5시간 후에 아이를 낳을 줄 알았는데 곧 아기가 나오겠다고 하니 무서웠다.

두려움은 엄습해오고 배는 계속해서 더 아파오고 정말 죽을 것 같았다. 그 와중에 커튼 뒤로 계속 왔다갔다 어슬렁거리는 남편이 너무 신경 쓰였다. 간호사들이 힘 줘보라고 하는데 정신은 없지 얼굴은 안 봐도 사람이 아닌 짐승이었을 것이다. 그 순간 또 남편이 보였다. 그래서 나는 괜한 남편에게 소리를 질렀다. "아 좀 나가 있으라고!" 지금 생각하면 왜 그리 모질게 굴

었는지 모르겠다. 남편도 굉장히 서운했다고 한다. 자기도 당황스럽고 어쩔 줄 몰라 안절부절하고 있는데 내가 소리를 질러 굉장히 무안했다고. 그렇지, 원래 아픈 사람보다 옆에 있는 사람이 더 불편한 법.

아무튼, 나는 그 당시 죽을 것 같았던 진통보다 짐승처럼 보이는 내 모습을 남편에게 보여주고 싶지 않은 마음이 더 컸나 보다. 출산할 때도 곱게 보이고 싶었나 보다. 남편이 넓은 마음으로 내 얄궂은 마음을 헤아려주길 바란다. 여보, 미안해요.

사랑하는 사람에게는 무엇이든 다 털어놓고 함께 나누고 싶은 마음도 있지만, 이것만은 안 보여주고 싶고, 그 사람이 나의 이 모습만은 몰랐으면, 하는 부분도 있다.

아마 소설 속 남자 주인공 윌도 자신이 사랑하는 루에게 자신이 점점 약해지고 피폐해지는 모습을 보여주고 싶지 않았나 보다. 나는 백번 천번 이해한다. 그래서 나도 남편에게 소리 질렀다. 나가 있으라고.

남편의 어떤 점이 좋아서 결혼까지 하게 되었는가? 외모? 키? 직업? 집안? 성격? 남편을 언제 어느 순간까지 사랑해줄 수 있을지 생각해본 적이 있는가?

남편이 사지를 움직일 수 없는 휠체어에 의존해 평생을 살아가야 하는 사람이었다면 나는 처음부터 이 사람을 사랑할 수 있었을까? 남편을 윌이라고 잠시 상상해 보았다. 내 앞에 당장 닥친 상황이 아니니 무조건 그의 곁에 있겠다고 말할 수도 있다. 그런데 곁에 있는 것만으로 두 사람 모두에게 행복을 느끼게 할 힘이 있을까? 내게는?

책은 두껍지만 오밀조밀 참 잘도 썼다. 소설을 읽는 내내 나를 고민하게 만들었다. 처음엔 당연히 루와 같은 입장이었다. 아무리 자신의 의지대로 육체가 움직이지 못한다고 하지만 하늘이 주신 목숨을 스스로 포기하는 일은 죽어서도 벌 받을 일이라고 생각했다. 그런데 읽으면 읽을수록 내가 만약 윌이라면? 쪽으로 기울었다. 내가 만약 윌이었다면 나를 돌봐주시는 엄마에게, 루에게 감사한 삶을 살 수 있을까? 그런 상황 속에서도 하루를 더 살아보겠다고 아득바득 나를 갉아 먹으며 살 수 있었을까? 도통 답이 나오지 않았다.

소설을 읽을 땐 그 세계에서 나를 찾으려 한다. 닮은 점은 없는지, 다른 점은 얼마나 다른지. 고향을 떠나 본 적 없이 작은 카페에서 마음 편하게 일하던 그녀, 루는 그곳을 사랑했다. 루는 온실 속의 화초처럼 자랐다. 그러다 하루아침에 직장을 잃게 된다. 카페가 문을 닫게 된 것이다. 마음에 드는 일자리를 못 찾던 그녀는 사지 마비 환자를 돌보게 된다. 말동무가 되어주는 일.

사실 맛있는 홍차 한 잔만 있으면 웬만한 세상사는 해결이 된다.

내 주변에는 윌처럼 큰 고통을 당한 사람이 없다. 그래서 장애인을 볼 때 색안경을 끼고 보게 될지도 모른다. 마치 내게는 절대 일어나지 않는 일 마냥. 하지만 그럴 리 없다. 윌도 단순 사고였기 때문이다. 한순간에 평생 몸을 쓸 수 없게 된 사람. 한번의 사고로 자신이 이루어둔 모든 것을 잃어버린 윌. 그에게는 세상을 살아갈 이유가 필요했다.

따뜻하고 수다스럽고 활기를 더해주는 사람

휠체어에 앉아 그 어떤 체험도 허락되지 못한 한 남자가 있다. 사람이 아프면 아픔을 겪는 사람도 괴롭지만 지켜보는 사람도 괴롭다. 루는 그의 체험을 위해 온갖 방법들을 모두 동원한다. 첫 경험의 경마부터 연주회 등등. 보면서 나는 아이 키우는 것이 생각났다. 나도 아이에게 새로운 세상을 보여주기 위해 노력한다. 아이에게는 풀 한 포기, 나무 한 그루, 비 오는 날, 눈 오는 날 모두가 새롭고 신기한 세상이다.

"그럼 뭐가 나아집니까?"

하는 말이나 행동을 전부 다 꼬아서 사람 멍청이 만드는 데 기가 막힌 재주가 있었다.

둘의 사랑을 지켜보며 '만약 나였다면 어땠을까?' 라는 생각을 정말 많이 했다. 그게 바로 소설의 매력이다. 드라마는 내가 생각할 잠시의 여유도 주지 않고 빠른 장면의 전환으로 어느덧 깊은 아쉬움과 함께 -내일 이 시간에- 라는 자막을 만나게 된다. 드라마는 PD, 스탭들이 생각해서 만들어 놓은 것을 가만히 들여다보기만 하면 된다. 분명 몰입해서 재밌게 봤는데 끝나고 나면 별로 남는 게 없다. 하지만 책은 글을 읽으며 나만의 새로운 세상을 만들게 된다. 그래서 더 피곤한 일이다. 새로운 창작은 새로운 나를 만들기도 한다. 잠깐이지만 주인공도 되었다가 배우자도 되었다가, 행인 1도 되어본다. 근데 정말 내가 루였다면 어땠을까.

애 엄 마 에 게
낭 만 이 란

《**어린 왕자**》, 앙투안 드 생텍쥐페리

아이가 원하는 건 시시각각 바뀐다. 오늘 다르고 내일 다르고, 오전 다르고 오후 다르다. 숟가락에 반찬 하나 올려줄 때도 원하는 위치에 올려주지 않으면 짜증을 낸다. 돈가스 소스 뿌리는 위치까지 정확히 조준해야 한다. 외출 패션은 또 얼마나 까다로운지 늘 계절을 앞서간다. 여름에 털부츠, 겨울에 샌들. 시도 때도 없는 한복사랑까지.

뽀로로 블록을 닳아질 정도로 잘 가지고 논 하루, 흐뭇한 마음에 '블록을 더 사줘야겠다' 마음먹었다. 시간이 늦어 잘 준비를 하며 "이제 블록 치우자" 하니 스스로 몇 개를 통에 집어넣는다. 그래서 나도 몇 개를 주워 담았다. 그랬더니 "으아아아아앙!" 대성통곡을 하며 잠이 들 때까지 서럽게 훌쩍거린다.

사주기는 뭘 더 사냐. 지금 있는 것도 꼴보기 싫어진다. 아, 오늘도 영혼까지 탈탈 털린 하루다. 비위 맞추기 정말 힘들다. 도대체 어디서부터 어디까지 맞춰줘야 할지 잘 모르겠다.

그날 밤 심야책방, 어린 왕자가 아저씨에게 양을 그려달라고 한다. 처음 양은 병들어 보여서 싫고, 다음 양은 숫양이라 퇴짜를 맞았다. 그 다음엔 너무 늙어서 싫단다. 결국 상자를 그려주고, 그 안에 양이 들어있다고 하니 "그래, 내가 원하던 건 바로 이거야!" 라는 답을 듣게 된다.

어린 왕자의 마음보다 여러 차례 퇴짜를 맞은 어른의 심경에 더 공감되는 걸 보니 나도 이제 어른인가 보다. 그리고 나선 아이에게 미안해졌다. 아이가 원하는 건 대단한 게 아니었을 텐데. 그저 자기만의 세계를 만들고 있는 순간이었을 뿐인데. 나도 똑같이 그런 시절을 보냈을 텐데. 마치 내게 그런 시절은 없었고, 어린아이의 변덕은 모두 쓸모없는 시간인 것처럼 어른의 시선으로 끼워 맞추려 하고 있다.

　넌 어느 별에서 왔어?

'내일은 작은 별에서 온 어린 왕자를 만나듯 아이와 놀아야지' 라고 다짐해본다. 쉽지 않을 것이다. 난 여전히 숫자를 좋아하고, 돈만 좋아하는 어른이니까.

어른들은 참 이상해.

엄마 노릇하면서 낭만을 찾는다고 하면 현실과 동떨어진 외계인이거나, 모성애 없는 이기적인 여자거나, "네가 드디어 미쳤구나!" 라는 소리를 듣겠지? 나는 그 중 어디에 해당할까? 나의 낭만은 무엇인가? 당장 유럽으로 가는 비행기를 타거나, 에펠탑을 등지고 사진 찍을 수 없다는 건 잘 알고 있다. 그래도 생각은 해볼 수 있지 않은가? 인간은 생각하기 위해 태어나지 않았는가? 아니 태어났기 때문에 생각해야 하는 건가?

나의 낭만은 뭉게뭉게 할머니가 된 모습으로 가 있다. 세상에서 가장 편안한 안락의자에 앉아 알이 작은 안경을 귀에 얹고, 최대한 멀리 팔을 쭉 뻗어 책을 본다. 무릎에는 아직 100일이 안 된 손주가 누워 있다. 어머, 어머님! 아기한테 책이라도 떨어지면 어찌하려고 책을 들고 계세요? 라는 며느리의 핀잔이 들려올까 겁나지만 세상에서 제일 행복하고 포근한 모습이다. 낭만을 가진 엄마들이 많았으면 좋겠다. 아이의 뒤꽁무니만 쫓아다니는 엄마, 남편의 기에 눌려 사는 아내가 아닌 그녀 자체만으로도 풍겨 나오는 낭만적인 여자. 낭만은 감정적이고 이상

적으로 사물을 파악하는 심리적 상태다. 삶에 있어 낭만은 지친 우리를 끌어올려 주고 한숨 돌리게 해준다. 스무 살의 우리는 그 자체가 낭만이었다. 친구들끼리 수다를 떨어도, 술을 마셔도, 실연을 당해도, 웃어도 울어도 모두가 낭만이었다. 그런데 엄마가 되고 나서 낭만을 느껴본 적이 있는가? 그것에 대해 생각해본 적이 있는가?

엄마가 누릴 수 있는 낭만은 어떤 것이 있을까? 최고급 럭셔리 호텔에서 반짝이는 야경을 바라보며 스테이크를 썰어야만 낭만인가? 어차피 아이가 더럽힌 자리와 떼쓰는 소리에 낭만은 산산조각이 나고 말텐데. 그곳에서 2시간을 버텼다 하더라도 매일 할 수 있는가? 우리가 엄마로서 매일 찾을 수 있는 최고의 낭만은 책이다. 육아와 가정일로 찌든 나를 젓가락으로 메추리 알 건지듯 힘겹게 찌든 일상에서 건져내준다. 낭만은 엄마를 아름답게 하고 사랑스럽게 만든다. 엄마를 행복하게 한다.

가장 중요한 것은 눈에 보이지 않는 법이야.

책은 저자가 하는 이야기를 통해 내 생각을 발견할 수 있게 도와준다. 마음을 들여다보면 우리에게 필요한 모든 것이 우리 안에 있음을 알게 된다. 책은 우리 마음을 비춰주는 거울이 되어주고, 힘들고 어려운 일이 닥치면 우리에게 길을 보여준다. **방황하며 찾는 답은 늘 책 속에 있다.** 삶이 힘겹다고 느껴질 때마다 책에서 답을 찾고 그 답은 항상 내 안에 있는 것을 느낀다.

인생은 길어 보이지만 그리 길지 않다. 아니, 오히려 짧다. 우리의 인생은 우리가 아는 만큼 보인다. 늦게 들어오는 남편만 보고 짜증내는 아이만 바라보고 있기에 내 안의 소중한 무언가가 그들로 인해 점점 미쳐간다. 하지만 그 시간에 책을 통해 다른 세상을 꿈꾸고 낭만을 찾아보는 것, 괜찮지 않은가? 집에만 있어도 남들보다 더 큰 세계를 보고 사고의 폭을 넓힐 수 있다. 책과의 소통은 내게 큰 위안을 주었다. 책이 없었다면 터널 같은 어둡고 긴 육아의 세계를 이렇게 당당하고 행복하고 부지런하게 걷지 못했을 것이다. 책은 터널 속에서 작은 빛이 되어 나를 인도해주었다.

휴가는 없지만 여행을 떠날 수 있다. 자유는 없지만 날 수 있다. 몸은 피곤하지만 마음은 반짝인다. 그게 책이 주는 낭만이다. 낭만은 지친 나를 응원해준다. 깊고 따뜻한 영혼의 안식처. 죽을 때까지 연인처럼 지낼 수 있다. 나의 소울메이트.

아무리 바빠도 육아로 삶에 지치고 힘들어도 그 사이에 나를 찾는 일을 해야 하는 이유는 인간다움을 지키기 위함이다. 그래야 오래 잘 살 수 있고 건강하게 잘 버텨낼 수 있다. 우리 모두 마음속에 어린 왕자 한 명쯤 품고 살아간다면 지금보다 조금 더 반짝이는 삶이 될 것이다.

나는 꽃을 하나 가졌는데 날마다 물을 줘요. 화산 세 개를 가졌는데 주일마다 청소를 해요. 불 꺼진 화산도 같이 청소하니까요. 지금은 죽은 화산이지만 어떻게 될지 누가 알아요. 그것들을 내가 가지고 있는 건 화산한테도 이롭고 꽃한테도 이롭지만, 아저씨는 별들한테 이로울 게 없어요.

시 간 이
많 지 않 다

《**오늘 내가 살아갈 이유**》, 위지안

남편은 눈물이 말랐다고 생각했다. 10년을 만나면서 우는 모습을 딱 두 번 보았다. 결혼 전 잘 살라는 의미로 발바닥 맞았을 때. (무지 아팠나 보다) 친한 삼촌이 사고로 갑자기 돌아가셨을 때 장례식장에서. 그때뿐이다. 내가 안 볼 때 몰래 혼자 울었을지도 모르지만. (설마 나 때문에?) 가뭄 났던 그의 눈에 최근 눈물이 종종 보인다. 이 사람 벌써 늙었나? 감수성을 돈 주고 살 수도 있나? 싶을 정도로 종종. 미스터리한 그의 눈물바람 사연은 돌아가신 할머니 때문이었다. 할머니를 생각하면 눈물이 난단다. 나이가 드는 만큼 철도 드는 건가? 우리가 철이 들었다고 생각될 때, 삶에서 터닝 포인트가 될 수 있는 시기, 그 시기에는 '죽음'이라는 단어가 있다. 누구나 죽는다. 알고는 있지만 오늘 당장 죽을 것처럼 죽음을 실감하고 살기엔 우리의 삶은 너무 바쁘다.

죽음이라는 단어와 의미는 일상을 살아가면서 크게 와 닿지 않는다. 책이나 드라마를 통해 잠시 느끼게 될 수 있다. 아, 그래. 나도 언젠가는 죽고 내 주변 사람들도 언젠가는 죽는 거지. 이 책은 누구보다 열심히 살았던 한 여성의 삶과 죽음에 관한 이야기다. 그 누구보다 치열한 삶을 살았기에 더욱 그녀의 죽음이 안타깝게 느껴졌다. 그러면서 치열하게 살지 못한 내 삶이 부끄러워지기도 했다.

정신을 잃고 쓰러진 적이 딱 한 번 있었는데, 쓰러진 곳이 다행히도 병원이었다. 남편의 동료 병문안을 갔다가 남편과 동료분이 이야기를 나누는 도중에 픽하고 쓰러져 버렸다. 뭐가 부족했던 걸까? 쓰러지고 바로 깨어나긴 했다. 하지만 바로 실려 갔다. 그 병원 1층 응급실로. 검사를 해보니 큰 이상은 없었다. 그 뒤로 약간 어지럽기만 해도 또 내가 쓰러지지는 않을까 걱정이 된다. 정신을 놓는다는 건 아찔한 일이다. 그때 아주 잠깐이었지만 죽음을 체험했다. 요즘은 임종체험을 하는 곳도 생겼다. 유서도 쓰고 관 속에도 들어가는 체험이다. 생각을 표출하는 데는 말과 글이 있는데 말은 많으면 많을수록 실수할 확률이 높다. 한번 뱉으면 담을 수가 없다. 그런데 글은 쓰면 쓸수록 실수는커녕 더 잘 쓰게 될 확률이 굉장히 크다. 유서라고 하기엔 너무 거창하고 소중한 사람들에게 편지를 남겨본다.

"하늘에 빌었어. 지안, 당신을 살려달라고. 당신이 살아서 내가 앞으로 50년 동안 매일매일 당신 엉덩이를 닦아줄 수 있게 해달라고 기도했어."

나의 영원한 벗. 남편에게.

그동안 우리에게 다툼도 많았지. 얼마간의 헤어짐도 있었지. 그 시간들은 우리의 사랑이 잠시 미움과 화로 덮여진 것일 뿐 우리 안의 사랑이 사라진 것으로 생각하진 않아. 화가 사라지고 난 뒤 우린 금방 다시 일상으로 돌아와 언제 그랬냐는 듯 서로를 챙기는 걸 보면 말이다. 당신도 그렇지? 당신에게 커다란 짐을 지워주고 가는 것 같아 미안하다. 살면서 미안한 마음은 갚을 수 있을 텐데 나는 이제 그대로 떠나버리니 이를 어쩐다. 성격마저 괴팍한 나를 마지막까지 사랑해줘서 고마워요. 변하지 않아줘서 너무 고마워요. 당신 인생에서 가장 중요한 자리에 내가 있게 해줘서 즐거웠습니다. 저세상에서도 많이 사랑하고 있을게요. 내 사랑.

아이에게

나의 아가야. 언제 불러 봐도 마음이 찡해지는 나의 아가야. 엄마의 욕심으로 너에게 100% 희생하지 못했던 걸 이해해주길 바란다. 넌 엄마에게 세상 그 무엇보다 소중한 존재였단다. 새로운 세상을 내게 선물해줘서 고맙다. 엄마가 세상을 먼저 살아보니 세상은 그리 좋은 곳만은 아니더라. 힘들기도 하고 나 혼자 남겨진 기분이 들기도 하고. 그럼에도 이 세상에 인간으로 태어났다면 그 존재의 가치에 항상 감사하고 삶에 흔적을 남기기 위해 노력하는 삶을 살길 바란다. 엄마는 네가 건강히 삶을 잘 살아갈 수 있길 하늘에서 늘 지켜보며 응원하마. 고마워, 아가야.

부모님께

순서가 세 번째라 서운하진 않으셨죠? 결혼한 후로 부모님께서 늘 제게 강조하셨던 그 순서대로 마지막까지 따랐어요. 남편 잘 챙겨라, 아이에게 신경 써라, 부모님께 효도하라는 말씀은 안 하셨지만 저의 모든 것은 어쩌면 저를 낳아주신 부모님의 뜻이었는지도 모르겠네요. 그만큼 저에게 너무 큰 부모님. 감사하다는 말로는 너무 부족해 그 말조차 꺼내지 못하겠어요. 마지막까지 불효하게 된 저를 용서하세요. 학창시절엔 부모님의 성실한 모습에 나도 사회에 나가 부모님처럼 열심히 살아야지 하고 각오하게 되었답니다. 결혼하고 아이를 낳고 저도 부모가 되고 보니 부모님처럼 사는 것이 정말 어렵게 버티며 살아온 것이구나, 하고 깨달았습니다.

친구들에게

네가 나를 어떤 친구로 기억하고 있을지 정말 궁금하다. 이 편지를 쓰면서 내 머릿속에 떠오르는 친구가 이 글을 읽고 있는 바로 너이길 바라본다. 같은 선생님, 같은 학교, 같은 시험, 같은 떡볶이. 너와 나의 연애, 결혼, 아이를 키우는 이야기까지 많은 이야기를 나눴었지. 뾰족한 답이 나오지 않아도 그저 함께 이야기 나눌 수 있는 친구가 있다는 것만으로 나는 너무 행복했단다. 아쉬운 건 친구와 여행을 많이 가지 못했다는 것. 너와 함께 여행을 다녔다면 세상에 재미난 곳들을 좀 더 많이 발견할 수 있었을 텐데 아쉽다. 이제 나는 너에게 그저 잘 들어주는 친구로 남을 수 있길. 고마워.

여행을 떠나기에 적합한 시기가 따로 있는 게 아니라는 것을.

삶은 영원히 지속되지 않는다. 정신없이 살면서 중요한 걸 놓치고 살 때가 많다. 정신없는 순간에도 나, 남편, 부모님, 아이. 그리고 죽음이라는 단어를 떠올려본다면 그 순간 더 중요한 그들과의 삶이 떠오를 것이다.

나는 생각 먼지가 많은 사람이다. 그래서 사람들 만나는 걸 피곤하게 여긴다. 내 감정선이 적정하게 맞춰져 있을 때는 누구를 만나도 반갑다. 반갑다 못해 오늘 같은 날은 누가 좀 나타나 줬으면 좋겠다 싶은 날도 있다. 하지만 그렇지 못하고 조금이라도 삐뚤어져 있을 땐 누구를 만나도 피곤하다.

사람들 기분을 많이 신경 쓰는 편이다. 만나고 난 후 집에 돌아와서는 더 그렇다. 이 사람이 나를 만나고 오늘 즐거웠을까? 집에 가서 내 욕을 하지는 않을까? 항상 걱정이다. 그러느니 안 만나는 게 더 나을지도 모른다. 그렇게 쌓인 생각 먼지들을 먼지털로 홀홀 털어내듯 책은 내게 먼지 해결사가 되어주었다. 책은 생각을 털어주고 현재에 집중하게 도와주었다. 그리고 나를 자유롭게 해주었다.

우선 책을 읽으면 집중할 수 있다. 그 시간 동안에는 그 잡스러운 기분을 신경 쓰지 않아도 된다. 또 내가 통제하지 못하는 기분에 관해서도 이야기해준다. 괜찮다고. 내 기분만 신경 써도 되는 거라고. 그렇게 책에서 자유로움을 느끼면서 나는 점점 책을 좋아하게 된다. 어쩌면 사람보다 더.

저 깊은 곳에서 끓어오르는 무언가가 있다. 속상하고 답답할 때 남편은 잦은 야간으로 내 고민 상담은커녕 얼굴 보기도 힘들고 부모님은 시집보낸 딸 걱정하실까 봐 말 못하고 자식은 아직 옹알이 수준이고 친구에게 털어놓아볼까.

그것도 일시적인 통쾌함이지 집으로 돌아와 생각하면 더 허무해지기도 한다. 나의 주책스러움에 부끄러움을 덤으로 얻기도

한다. 진정한 위로는 내 안의 자신과 해야 한다. **그렇게 내 마**
음의 위안을 찾은 곳이 바로 책 정류장이다. 어떤 이야기든 자유
롭게 선택할 수 있다. 책은 나 스스로 생각하게 하고 선택할 수
있게 한다. 이 세상에서 가장 진지하고 현명하게 내 이야기를
들어주고 답을 줄 수 있는 친구다. 책은 밤늦게든 새벽이든 언
제든 내 이야기를 들어주고 길을 찾아준다.

친구가 좋은 이유는 조건이 없기 때문이다. 요즘 사회는 제약
이 많다. 책은 부자가 아니어도 살 수 있을 만큼 저렴하다. 또
나이가 많아도 반갑게 맞이해주니 나이 제한도 없다. 지방대
아니 초등학교를 나오지 않아도 반겨준다. 시간과 공간의 제약
을 받지 않는다. 이 모든 조건은 엄마들에게 최고의 우대조건
이 된다.

책은 우리를 현재에 집중하게 해 준다. 나는 쓸데없는 걱정을
많이 한다. 과거의 일도 그렇고 미래의 일도 그렇고. 모든 걱정
이 나를 둘러싼다. 지금 우리가 하는 걱정의 90%는 일어나지
않는다고 한다. 사서 걱정을 한다. 지금 이 순간 행복하지 않으
면 행복을 꿈꾸는 그 순간, 여행이나 직업, 명품 백 등, 그 순간
이 와도 행복할 자격이 없다고 했다. 육아하는 지금 이 순간도
마찬가지다. 나중에 아기 다 크면 행복하겠지? 그때 마음껏 즐
겨야지? 그때가 되면 또 불행할 요소들이 당신을 찾아올 것이

다. 지금 이 순간 행복을 찾기 위해 책을 들자.

책은 우리를 자유롭게 한다. 책의 주체는 나다. 읽다가 생각하고 싶으면 덮으면 되고, 앞으로 되돌아가기도 쉽고, 뒤로 넘어가기도 쉽다. 눈만 돌려도 읽고 싶은 책을 집을 수 있다. 음악을 좋아하면 음악을, 미술을 좋아하면 미술을, 요리를 좋아하면 요리를, 소설을 좋아하면 소설을…. 책에는 장르의 구애가 없다. 내가 좋아하고 관심 있어 하는 분야를 읽고 쓰면 된다.

너를 죽일 수 없는 것이 결국 너를 더 강하게 할 것이다.

마음이 단단해진 채로 살아가도 괜찮다. 우리는 늘 누군가에게 상처받으며 살아왔다. 기대와 실망을 반복하다 마음이 딱딱하게 굳어 타인과의 관계도 나 자신에게도 따뜻하지 않다. 성에 안 차면 화를 낸다.

그런 얼음장 같은 마음을 책은 말랑말랑하게 해준다. 한 권으로 꽁꽁 언 마음을 다 녹일 수는 없다. 스포이트에 담긴 따뜻한 물 한 방울로 천천히 얼음을 녹이듯, 책에 담긴 따뜻한 문장을 눈에 담을 때 우리 마음은 조금씩 녹아내린다. 얼었던 마음이 조금씩 녹을수록 눈물도 나고 웃음도 생기면서 아프기도 하고 낯설기도 하고 이렇게 사는 게 맞나? 싶기도 하다. 그런 마음이 현실이라는 두꺼운 벽에 쌓여 도저히 빛을 낼 수 없었던 진정한 인간으로서의 나 자신의 모습일 것이다. 현실에 부딪쳐 미처 만나지도 못하고 꺼내지 못했던 내 자아를 만나볼 수 있고 찾을 수 있는 길. 그 길은 책장을 펼치는 순간 만날 수 있다.

나중에 더 많은 미소를 짓고 싶다면 지금 삶의 매 순간을 가득가득 채우며 살아야 할 것 같다. 앞으로 살아갈 날이 얼마나 남았든.

열 심 히
육 아 한 당 신
떠 나 라

《**흐르는 강물처럼**》, 파울로 코엘료

이 글은 한 달 전 초고를 마무리한 후 추가로 쓴 글이다. 원고를 넘기로 한 날이 D-1일이 남은 상황이라 조급하게 쓰고 있다. 과연 이 글이 책에 실릴 수 있을지 장담할 수 없다. 그럼에도 욕심을 내서 머리를 쥐어짜며 쓰고 있는 이유는? 책을 완성하고 여행 가고 싶은 마음이 굴뚝같아서다. 이 책은 여행 생각을 간절하게 만드는 책이니까.

최고의 배움은 여행에서 얻어진다는 것을 깨달았다.

여행을 하려면 우선 패키지여행과 자유여행을 선택해야 한다. 나는 신혼여행을 패키지로 갔다. 여행지는 유럽으로 정했는데 언어의 장벽을 뛰어넘을 자신이 없었고, 결혼 준비로 여행 일정을 짤 시간도 없었다. 도무지 신경 쓸 여력이 남아 있지 않았다. 패키지를 선택한 덕분에 여행지에 대한 정보는 하나도 검색하지 않고 모든 것을 다 여행사에 맡겨 편하게 다녀오긴 했다. 각지에서 모인 커플들이 관광지로 이동해서 "자, 여기 앞에 서세요" 하고 찰칵! 또 이동해서 찰칵! "구경하고 몇 시까지 모이세요" 하고 밥 먹고. 분명 좋긴 했는데 남는 게 그리 많진 않았다.

> 우리가 여행을 떠나는 것은, 다른 이들은 어떻게 사는지, 그들에게서 본받을 만한 것은 무엇인지, 그들이 현실과 삶의 비범함을 어떻게 조화시키며 사는지 배우는 것이다.

그다음 해 우리는 아이와 오키나와로 자유여행을 갔다. 아이와 함께하는 여행은 기저귀부터 로션, 먹을거, 입을거 챙기느라 여행이 아니라 피난 가는 줄 알았다. 집 떠나면 고생이라는 말을 실감했다. 3박 4일 중 하루는 아이가 코가 많이 나오는 바람에 '코뻥'을 찾아다니고 콧물 약을 사느라 반나절을 보내기도 했다. 이동 수단이며 먹을거리, 잠잘 곳, 구경거리까지 그곳에 발을 딛는 순간부터 떠나올 때까지 모든 것은 우리 몫이었다. 알아보지 않고 움직이지 않으면 우리는 캐리어나 다름없는 신세가 된다. 그곳에 갔다가 그대로 돌아온 셈이다. 자유여행은 여러모로 부담스럽고 일정이 하나라도 소화되지 못하면 계획을 짠 사람이 독박을 쓰게 된다는 위험이 있다. 하지만 원하는 시간에 원하는 곳에 가 볼 수 있다는 말 그대로 자유롭게 다닐 수 있다는 점이 아주 좋다.

"하루에 십오 분만이라도 일을 멈추고 아무것도 하지 않은 채 세상과 자네 스스로를 돌아볼 수는 없나?" 일에만 매달려 삶의 의미를 도외시한다면 그것은 저주야.

남편은 지금도 패키지를 원하고 나는 자유여행을 원한다. 둘 중 어떤 것을 택하더라도 중요한 건 그 도시의 관광지는 다 돌아야 돈이 아깝지 않다는 생각이다. 한 곳이라도 더 가보기 위해 시간을 쪼개고 또 쪼갠다. 그런데 저자는 내가 생각한 루트에 또 다른 여행의 묘미를 알려준다. 어느 나라를 가더라도 오래된 박물관이나 교회만 슥~ 둘러보는 게 아닌, 그 곳에 남은, 그 곳을 지키는 사람들을 궁금해 한다. 시장에 가는 것이 가장 즐겁다고 한다. 나는 여행을 다니며 시장을 가본 적이 없다. 다음 여행을 계획할 때에는 꼭 시장을 둘러봐야겠다.

여행은 삶의 폭을 넓혀준다. 일상에서 잠시 벗어나 일상을 그립게 만들기도 하고, 지긋지긋했던 일상을 특별하게 만들어주기도 한다. 예를 들어 유럽은 매끼 느끼한 입맛에 우리에게 된장찌개의 얼큰함을 그립게 해주었고, 아이를 두고 떠났다면 아이의 브레이크 없는 떼쓰는 모습까지 그리워질 것이다. 떠나보면 알게 된다. 일상의 소중함을.

> 문제의 원인이 몸이 노화했거나 기품이 사라진 데 있음을 발견하게 될 것이다. 그럴 때면 자세를 바꾸고, 머리를 쉬게 하고, 가슴을 펴고, 세상과 마주하라. 몸을 배려하는 것은 곧 영혼을 배려하는 것이며, 이는 양쪽 모두를 이롭게 한다.

미혼인 친구들은 연휴나 명절에 훌쩍 여행을 떠난다. 전 냄새로 온몸이 찌들어 전이 되기 일보 직전인 나, 쌓여 있는 설거지더미에 파묻힐 기세인 내 모습과 상반된 모습이다. 억울하다고 비행기 티켓을 알아보기엔 남편과 아이, 그리고 친정, 시댁, 온 식구가 걸려서 인터넷창에 X를 살포시 누른다.

이 책은 여행서는 아니다. 맛집이나 인생 샷을 남길 수 있는 풍경이 좋은 관광지는 소개되지 않는다. 순례자의 영혼을 간직하며 사는 저자가 직접 겪은 일화와 전해들은 이야기, 여행하면서 깨달은 이야기를 모은 책이다. 미국, 노르웨이, 프랑스, 브라질, 뉴욕, 여러 나라가 등장한다. 가본 나라보다 가보지 못한 곳이 훨씬 많다.

그의 삶은 흘러갔네. 그는 삶을 살지 않았다네.

태어나서 죽음에 이르는 순간까지 우리가 겪게 될 일들, 어쩌면 우리가 놓치고 지나가기 쉬운 일들에 대해 흐르는 강물에 몸을 맡기고 밤하늘을 바라보듯 책 속에 박힌 별을 읽게 된다. 많은 것들을 다른 사람의 세계에 비교하려 하고 맞춰가려 한다. 이 책을 통해 나는 새로운 여행을 계획하게 되었다. 지금까지의 여행과는 많이 다를 것 같다. 관광지 대신 시장을 둘러보고, 맛집 대신 동네의 작은 식당을 찾을 것이다. 여행이라는 거대한 이름은 잠시 접어두고, 그곳에 사는 사람들은 어떻게 지내는지 마음을 느끼러 가야겠다.
물론 지금은 아무 때나 떠날 수 없는 상황이니 책으로 떠나는 여행만으로 충분하다.

나 자신의 리듬을 따라야 산티아고에 이를 수 있겠구나.

현실주의자가 되자.
하지만 가슴 속에는
불가능한 꿈을 간직하자.

- 체 게바라

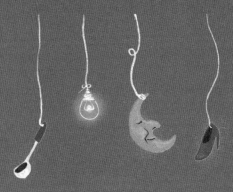

#003

책 읽는 엄마
책 쓰는 엄마

.
.
.
.

엄 마 의
장 래 희 망

  "네. 호호아파트 1201호로 오시면 돼요."

"딩동~ 딩동~!!"

들어선 곳은 거실, 부엌 구분 없이 벽면이 온통 책장으로 둘러싸여 책으로 가득하다. 거실 한가운데 기다란 사각 테이블이 놓여 있다. 글을 쓰는 곳이다. 벽면엔 책과 더불어 안락한 소파가 빙 둘러 있다. 책도 읽고 생각하는 곳이다.

첫 번째 방에는 조용한 자장가가 흘러나온다. 암막 커튼으로 어두운 분위기가 조성돼 있고 천장에는 별이 반짝이고 있다. 아이들이 편히 잠들 수 있도록 바닥에 매트리스와 포근한 이불이 깔려 있다. 엄마들은 아이를 재우고 책을 읽고 쓸 수 있는 자유시간을 얻기 위해 열심히 토닥토닥 아이를 재운다.

두 번째 방에는 아이들이 볼 수 있는 책과 놀이시설이 갖춰져 있다. 미끄럼틀, 주방놀이, 사운드 책, 규모는 작지만 없는 게 없는 방이다. 벽지에는 세계지도가 그려져 있어 아이들은 그 방에서 놀이를 통해 꿈을 키운다. 참, 그 방에는 아이들을 돌봐주실 보육 선생님도 계신다. 엄마들은 안심하고 걱정 없이 마음껏 책을 읽고 쓸 수 있다.

세 번째 방에는 살면서 꼭 한 번은 봐야 할 영화가 상영되고 있다. 엄마들은 드라마는 주구장창 볼 수 있지만, 영화 한편을 보려면 뭔가 큰마음을 먹어야 한다. 책이 읽히지 않거나 글이 써지지 않을 때는 팝콘과 음료와 함께 영화 한 편으로 기분을 전환시킬 수 있다. 엄마들의 영화가 끝난 다음엔 아이들을 위한 영어 DVD가 상영된다. 집에선 안 보는 아이들도 여기선 친구들도 함께하니 도란도란 얌전히 앉아서 감상한다.

비록 티백이지만 편하게 차를 마시고, 마음껏 책을 볼 수 있고, 자신이 쓴 글을 프린트해서 볼 수 있는 시설도 마련되어 있다. 이곳에 오는 엄마들의 눈은 늘 반짝이고 있다.

1201호는 바로 나의 옆집이다.

옆집을 나의 글쓰기 공간이자 글쓰기와 책에 관심 있는 엄마들이 함께 모여 꿈을 나누고 이야기할 수 있는 공간으로 만들고 싶다. 또는 꿈을 만드는 공간으로 말이다. 그 와중에도 아이와 살림, 남편을 놓치고 싶지 않아 너무 멀지 않은 옆집을 선택했다. 남편들이 보기엔 작당 모의 공간일지도 모르지만 말이다. 내가 꿈꾸는 그곳은 아이들이 안전하게 놀 수 있도록 안전요원 삼촌 이모들을 배치하고 엄마 아빠가 단 30분, 1시간이라도 책을 볼 수 있는 여유를 가질 수 있길 희망해본다. 그리고 거기에 그치지 않고 될 수 있으면 글쓰기에도 도움이 되는 곳이었으면 좋겠다. 글을 써서 서로 바꿔도 보고 조언도 해주며 서로의 글쓰기를 북돋아줄 수 있는 곳이길 바란다. 책을 보고 싶을 때, 글을 쓰고 싶을 때 언제나 부담 없이 찾을 수 있는 곳! 그리고 엄마라는 이유로 아무것도 못할 때 가장 먼저 생각나는 곳이 되길 바라본다. 엄마는 그곳에서 꿈을 쓰고 아이는 그곳에서 꿈을 찾을 수 있었으면 좋겠다. 세상에 더 많은 엄마들이 책과 친해지고 책을 쓰고 누구나 자신을 찾아가며 행복한 삶을 살았으면 좋겠다.

언젠가 사람들의 마음을 움직일 수 있는 작가가 된다면, 나의 글쓰기 방법을 엄마들과도 나누고 싶다. 나는 지금 맨땅에 헤딩하듯 글을 쓰고 있다. 궁금한 것도 많고 과연 글쓰기를 하는 나의 방향이 옳은 길인지 흔들리는 순간이 가장 힘들다. 그때마다 나를 잡아주고 방향을 인도해주는 사람이 있으면 좋겠다는 생각을 했다. 가까운 주변에. 친정 언니처럼 말이다.

이런 나의 마음을 담아 나중에 꼭 엄마들의 글쓰기 코치가 되어 스스로 못 긁는 등을 시원하게 긁어주듯 엄마들의 답답하고 우울한 심정을 들어주고 힘을 북돋아주고 싶다.

그래서 나의 장래희망은 바로 옆집을 사는 것이다.

"여보, 도장 준비해두세요."

더 큰 꿈은 남편과 공동의 목표인데 노후에 도서관을 건립하여 기증하는 것이다. 내가 사는 지역 여수는 도서관이 거의 산중에 있어서 남편과 내가 도서관을 건립한다면 많은 사람이 올 수 있게 평지에 도서관을 건립하자는 뜻을 모았다. 그 뜻을 위해 우리는 결혼을 하고 지금도 함께 살아가고 있는지도 모르겠다.

상상은 돈이 들지 않는다. 이런 이야기를 하면 마치 초등학교 숙제처럼 부끄러워진다. 물론 내 상상이 현실에선 엉망진창으로 하루 만에 문을 닫게 될지도 모른다. 하지만 그 상상을 통해 꿈을 그려보면서 오늘 하루를 열심히 보낼 힘이 생긴다면 상상의 능력은 대단하지 않은가? 마음껏 상상하자. 당신의 10년 후는 어떤 모습인가? 모두가 행복하고 부족함이 없는 이상적인 나라 유토피아를 꿈꿔보자.

글 쓰 기 로
성 공 한
그 녀 들

"집에만 있는 사람이 뭐가 피곤하냐?"

"집에 있으면서 뭘 하길래, 집안 꼴이 이게 뭐냐?"

"돈은 내가 벌어 오는데 내 마음대로 쓰지도 못하냐?"

전업주부들에게 가장 억울하고 분통 터지는 말들이다. 전업주부는 다른 직업에 종사하지 않고 집안일만 전문으로 하는 주부. 그렇다. 다른 직업에 종사하지 않고 집안의 일만 전문적으로 하는 주부다. 근데 주부라는 직업이 남자들에게 있는 돈 버는 능력이 없어서 집안일만 하는 거였나? 그렇게 사람을 매도해야 속이 후련한가? 집에서 애 보고 밥하는 일이 그리도 우스워 보이고 하찮아 보이나?

아기를 낳고 엄마는 무조건 희생만 해야 옳은 삶일까? 나도 아기가 만 두 살이 될 때까지는 아이를 어디 맡기고 친구들 모임을 나가는 것도, 내 옷을 사는 것도, 내 책을 사는 것 등 모든 것을 아이를 위해 포기하는 삶을 살았다. 하지만 그렇게 하고 나에게 남는 것은 무엇일까? 나중에 아이에게 "엄마~ 제가 어린 시절 엄마의 꿈을 접으시고 저만 바라보며 키워주셔서 감사합니다. 저는 이제 엄마 곁을 떠나 독립할게요. 이제 더 이상 간섭하지 말아주세요" 라는 말을 들으려 그리 목숨 걸고 아이만을 위해 헌신했단 말인가? 엄마의 사랑이 중요하긴 하지만 엄마의 삶을 모두 버리면서 나중에 아이에게 '배신감 느낀다'라고 할 정도로 자신을 포기한 삶은 아이도 바라지 않을 것이다. 이런 취급을 받으며 살고 싶진 않다. 누가 봐도 비웃을 일이지만 나도 일을 해야겠다. 그런데 육아도 놓고 싶지 않다.

애 보기도 힘든데 무슨 글을 쓰냐고? 훌륭한 선배님들이 계시기에 우리도 꿈꿀 수 있다. 엄마의 힘은 여자보다 강한가 보다. 이혼하고 혼자 갓난아기를 키우게 되었다. 어릴 때부터 상상하는 걸 좋아했다고 한다. (난 그런 재주도 없었다. 어렸을 땐 지금보다 더 책을 좋아하지 않았다. TV를 좋아했다) 무명이었고 이혼녀였고 생활고에 시달렸던 그녀. 그녀의 원고를 바로 뽑아준 출판사는 없었다. 수십 번도 넘게 거절을 당했다. 우리가 너무 잘 아는 그녀들이다.

• **조앤 롤링** :《해피포터》로 이미 전 세계적으로 유명해진 그녀. 결혼하고 딸도 낳았지만 이혼을 한다. "갓난아기는 있죠, 일자리는 없죠, 아무런 대책도 없이 낯선 장소에 내동댕이쳐진 셈이었어요." 이 문장으로 절박했던 그녀의 심정이 표현된다. 그렇게 그녀는 초라한 단칸방에서 한 손으로는 유모차를 끌고 한 손으로는 글을 쓴다. 정부 보조금으로 겨우 살아가면서 말이다. 하지만 그녀의 책《해리포터》는 세계적으로 4억 권 이상 팔렸고, 관련 상품 등을 통해 150억 달러의 수입을 올렸으며, 영화〈해리포터〉는 세계적으로 44억 9,000만 달러의 수입을 올렸다고 한다.

• **박완서** :《아주 오래된 농담》《그 많던 싱아는 누가 다 먹었을까》등의 한국 현대문학을 대표하는 소설가 박완서는 마흔이라는 적지 않은 나이에 작가가 되었다. 늦은 나이에 등단한 그녀는 '국민 작가'라는 칭호를 얻는다.

• **윤이수** : 최근《구르미 그린 달빛》이라는 드라마로 많은 사랑을 받은 윤이수. 그녀는 아이를 낳고 육아에 전념하다 남편 몰래 글을 쓰기 시작했다. 이유는 남편의 각별한 아이 사랑으로 2년은 육아에 전념하기로 약속했던 것. 하지만 8개월째 견딜

수 없어 아이를 안고 글을 쓰다 탄생한 작품이 바로《구르미 그린 달빛》이라고 한다.

아무것도 하지 않으면 아무 일도 일어나지 않는다. 그런 인생을 살고 싶은가? 그렇게 살다가 나중에 남편이 자식이 "난 엄마 같은 인생 살고 싶지 않아" 라고 하면 그때야 땅을 치고 후회할 건가. 조금만 용기를 내보면 세상은 훨씬 더 재미있어진다.

감 사 일 기 는
면 역 력 을
길 러 준 다

최악의 하루라도 감사함은 존재한다. 그보다 더 최악이 아니라는 점이다. 또 아무리 최악이었다 해도 그걸 느낄 수 있다는 것이, 살아있음이 얼마나 큰 축복인가. 하루에 한 문장씩 감사를 저축해두면 힘들어 쓰러졌을 때 모아두었던 감사를 꺼내 먹고 다시 일어날 힘이 생긴다. **감사일기는 홍삼보다 센 면역력을 가지고 있다. 모든 병의 근원은 마음에 있다.**

그대가 헛되이 보낸 오늘은
어제 죽은 이가 그토록 살고 싶어 했던 내일이다.

- 랄프 왈도 에머슨

초등학교 때 쓴 일기장을 보며 할머니 이야기에 펑펑 울었다. '내일 할 일' 적는 칸에 '동생이랑 놀기'라고 적어둔 내가 너무 귀엽기도 했다. 그때의 걱정거리들, 즐거웠던 일들, 슬펐던 일들 모두 그대로 남아 있는 것 같아 기분이 오묘했다. 그때 그날들. 지나고 나면 모두 이렇게 잊고 살아도 되는 걸까?

작년 오늘을 어떻게 보냈는지 기억하는가? 재작년 오늘은 무슨 일이 있었는지 기억하는가? 지금 이 순간이 영원히 기억될 것 같지만, 우리는 불과 한 달 전의 일도 기억이 가물가물하다. 아이에게 어떤 반찬을 해줬는지? 무슨 드라마에 열광했는지? 어떤 놀이를 하며 놀았는지? 잘 기억나지 않는다.

이렇게 살다 죽기 전 내 삶에 남는 것이 하나도 없을 것 같다는 생각이 들었다. 오히려 학창시절에 숙제 검사를 맡기 위해 억지로 쓴 일기들이 남아 있어 너무 고마웠다. 그 시절의 내가 남아 있는 것 같아서. 그래서 나는 아이를 갖고 일기를 다시 쓰기로 했다.

일기를 쓰는 방법에는 여러 가지가 있다. 손글씨로 일기장에 쓰기, 컴퓨터로 한글 파일에 작성하기, 휴대폰 앱으로 쓰기 등이 있는데, 나는 휴대전화 앱을 사용해서 일기를 썼다. 우선 손글씨가 그리 보기 좋지 않고, 일정한 틀이 정해져 있지 않고 내 마음대로 작성하다 보면 나중 출판을 할 때 애를 먹을 것 같아 출판까지 할 수 있는 앱으로 결정했다. 내가 선택한 사이트는 '맘스 다이어리'라는 곳인데 100일을 연속으로 작성하면 책 한 권을 무료로 출판해 준다.

처음에는 정성 들여 하루하루 긴 일기를 남겼는데 시간이 지나니 점점 사진 한 장으로 때우는 날이 많아졌다. 여행 갔을 때나 습관이 들지 않았을 때는 연속 일을 놓친 경우가 많았다. 지금은 눈 뜨자마자 일기부터 체크한다. 사진 한 장으로라도 그 날을 기억하고 추억할 수 있으니 내게 너무 소중한 자산이 된다. 10권의 책을 출판하고도 꾸준히 계속 쓰고 싶다. 목표는 아기가 장가갈 때까지 쓰는 것. 아들이 나중에 장가가서 아기를 낳고 키울 때, 나의 육아일기가 약간의 참고가 되었으면 하는 바람도 있다. 그때는 시대가 워낙 좋아져 구질구질한 옛날 일기 따위 필요 없을지 모르지만, 나만의 추억을 위해서라도 계속 써 나갈 것이다. 이렇게 모은 일기가 우리 집 가보가 될지 누가 알겠는가.

거의 아이 이야기로 가득하다. 이제는 내 이야기도 한 줄씩 넣어보려 한다. 아이가 커가는 모습과 더불어 엄마가 자라고 성장하는 모습을. 글 쓰는 이야기도 적고, 아빠 흉도 적고, 네가 미웠던 일도 적고, 그렇게 누구의 엄마, 누구의 아내가 아닌 김미선의 이야기도 적어봐야겠다. 그 시절의 온전한 나를 기억할 수 있게.

세상의 모든 책은 일기라고 생각한다. 하루 동안 나의 생각을 수필로, 소설로, 자기계발서로 서로 성격만 다르게 적어둔 글이 책으로 만들어지는 것 아닌가? 오늘의 생각을 적어둔 당신의 일기가 자라고 자라 한 권의 책이 될 수 있다. 책은 안 되더라도 일기장은 남고, 그 안에 당신도 남아 있을 것이다. 자, 지금 당신의 생각을 글로 남겨보자.

슬럼프도
스쳐
지나간다

영혼 없이 타자를 두드리고 있다. 책을 쓰겠다고 마음먹고 매일 한 문장이라도 쓰자고 다짐한 지 6개월이 지났다. 처음에 파이팅 넘치던 나의 의지는 어디로 사라진 걸까? '내 책'이라는 막연한 희망은 어떤 모습으로 몇 %나 남아있을까? 요 며칠 책 읽기도 소홀하고 컴퓨터를 켜도 인터넷 쇼핑만 하느라 바빴다. 그래서인지 책쓰기에 관한 타오르던 열정은 온데간데없이 사라져버렸다. 어쩌지.

남편에게 눈물과 약간의 협박(집에서 글쓰는 것에 협조해주지 않으면 당장 서울로 올라가 글쓰기를 배우겠다고)으로 어렵게 얻어낸 허락. 그리고 주변에 책을 쓰겠다고 낸 소문은 어떻게 주워 담아야 한단 말인가?

'어휴. 괜히 시작했나?'

'내가 그럼 그렇지.'

'책쓰기는 아무나 하나.'

'난 유명하지도 않잖아.'

'실력이 있는 것도 아니잖아.'

'그러니 내 책을 누가 읽어주겠어.'

'설령 책을 냈다고 쳐. 뭐 크게 바뀌는 것도 없을 거잖아?'

온갖 악마들이 포기하라는 메시지를 속삭여 실제로 내 마음을 뒤흔들어 육신과 정신을 마르고 지치게 만든다. 슬럼프가 왔다. 어디서부터 다시 불씨를 살려야 할지 막막하다. 모든 것이 의문이고 두려움 투성이다. 생각 없이 꿈과 희망을 노래하다 현실이라는 벽에 머리를 세게 '쾅'하고 부딪친 기분이다. 어떡하지?

"야, 내가 너 책 한 권 사주는 것보다, 내가 너한테 만 원 주는 게 훨씬 낫지 않겠냐?"

작가인 분에게 친구가 한 말이라고 한다. 털썩!

왜 꼭 책을 써야 하지? 책을 안 좋아하는 엄마들에게 책을 보라고 말하고, 성공하고 행복해질 수 있다고 당당하고 떳떳이 말할 수 있을까? 본질이 흔들리면 악마는 경제적인 문제를 건드린다. 나는 당장 작가의 인세를 검색하게 된다. 자비출판을 하면 많으면 70% 정도 받을 수 있지만, 출판사를 통한 기획 출판은 10% 이하의 인세를 받게 된다. 책이 만 원이라면 천 원의 인세를 받게 되는 셈이다.

"자기야, 나 책 쓰지 말까?"

"이제 와서 무슨 소리야. 자기 돈 벌려고 책 쓴 거야? 아니잖아. 엄마들하고 소통하고 공감하고 나누고 싶어서 쓰는 거였잖아. 그럼 계속 한번 해봐."

아, 그렇지. 내 목적은 돈이 아니었지. 그저 엄마들과 이렇게 저렇게 하면 살면서 재미도 느끼고, 육아가 끝났을 때 상실감이 아닌 보람을 느낄 수 있고, 나를 지우는 시간이 아닌 나를 찾아가는 책을 만들고 싶었던 거였지. 다시 정신이 번쩍 든다.

'책을 써야지'라고 생각했을 때 난 아직 준비가 되어 있지 않았다. 그때의 나는 솔직하지 못했다. 능력도 없으면서 욕심만 챙겨 유명해지고 돈 벌면서, 일 안 하며, 먹고 놀 생각을 했나 보다. 그러다 보니 자꾸 내가 쓴 글이 남에게 어떻게 보여질지 궁금했다. 남편에게 봐달라 하고 친구에게 봐달라 하고 의견을 묻고 또 묻고. 쓴 소리도 달게 받는다고 말하면서 남의 의견을 수용할 생각은 전혀 없었다.

내가 아닌 나를 만들고 싶었다. 내가 바라는 나. 책 이야기를 하고 싶었지만 내가 좋아하는 책이 다른 사람들 눈에 어떻게 비칠지 생각하니 부끄러웠다. 내 생각의 깊이가, 내 수준이 이렇게 낮아요, 라고 말하는 것 같아 싫었다. 나의 무식함과 마주하고 그 모습을 포장하려는 나와 마주 앉은 순간 글쓰기를 멈추게 됐다.

실패한 또 한 가지 이유는 조급했다. 처음 키보드를 두드리며 하루에 A4 2장씩 쓰자는 목표를 세우고 두 달 만에 초고를 완성할 계획을 세웠다. 실패했으니 다행이지 그때 쓴 글을 출판사에 내밀었다간 이불 킥을 수천 번도 더 했을 것이다.

마음에 솔직함을 장착하고 조급함을 버리고 나니 이제야 글이 술술 써진다. 다행이다. 이러다 또 막히는 날이 오겠지. 그래도 괜찮다. 다시 시작하는 법도 아니까.

앞으로 책이 완성될 때까지 슬럼프가 또 찾아오겠지. 끝까지 흔들리지 않을 방법은 선의의 목표를 갖는 것이다. 그 등대는 언제 어디서든 나를 향해 빛을 비춰줄 것이다.

육아도, 직장 일도, 공부도 세상 모든 일에 슬럼프는 찾아온다. 내가 겪은 슬럼프와 이겨낸 경험들이 쌓여 한 권의 책을 만들기도 한다.

하늘이 어떤 사람에게 큰일을 맡기려 명을 내리려면,
반드시 먼저 그의 마음을 괴롭히고
그의 살과 뼈를 지치게 만들고
그의 육신을 주려 마르게 하고
그의 생활을 궁핍하게 해서,
그가 하는 일마다
그가 성취하고자 하는 일과 어긋나게 만든다.
그가 그 모든 고통을 이겨내었을 때야 비로소
하늘이 그에게 큰일을 맡긴다.

- 맹자 〈사서삼경〉

대 한 민 국
1 위   기 업
SS   출 판 사

'드디어 삼성을 물리친 괴물 같은 기업이 나타났다. SS 출판사 국내 1위 기업 등극.' (참고로 SS는 Seon + Simon 우리 남편과 동업)

'스마트폰 없으면 원시인.' 누가, 언제, 무엇을, 어떻게, 무슨 짓을 한 것인가. 모든 사람의 손에 휴대폰이 들려 있는 걸까. 지하철, 버스정류장, 카페, 술집, 식당, 심지어 길거리에서 어딜 가도 사람들은 모두 휴대폰을 들여다보고 있다. 요즘은 손목에 차는 것으로 가볍게 나오기도 했으니 휴대폰의 편리성과 우수한 기능은 앞으로도 계속될 것이다. 왜냐? 사람들이 많이 찾으니까.

나 역시 폰이 잠시라도 보이지 않으면 마음이 몹시 불안한 폰

중독자다. 수유 중에도 폰을 보고 있어서 남편이 "당신 엄마 맞아?"라며 나를 비난했다. 하지만 나는 그 시간에 폰을 할 수 있는 것에 위안 삼으며 수유를 했었다.

왜 나는, 우리는 스마트폰의 노예가 되었을까?

1) 사람들과의 소통을 위해
2) 정보 검색을 위해
3) 재미를 위해
4) 그냥

사람들과 소통할 편리함은 폰의 가장 기본적인 기능이자 최고 기능이다. 하지만 그 소통의 편리함이 도를 넘으면 인간에게 소외감과 외로움을 안겨준다. SNS상에서 '만나자, 만나자'를 외치지만 만나면 상대방과의 이야기 대신 휴대폰을 들여다보고 있다. 헤어지고 나서는 SNS로 또 다음 만남을 기약한다. 또한, 실생활보다 SNS의 반응을 더 의식하기 시작하면서 사람들의 반응에 일희일비하게 된다. 반응이 없으면 세상에서 제일 외로운 외톨이가 되었다가 반응이 뜨거우면 세상을 다 가진 행복한 사람이 되기도 한다. 빠른 반응을 원하고 빠른 반응을 보여야 하는 그곳은 가벼움만을 추구한다. SNS 안의 나만 있고 실제 삶의 나는 없다고 느껴질 때 자신이 너무 초라하고 불쌍해 보인다. 사진 합성이나 성매매 등 범죄로 이어지기도 한다. 그렇다면 이렇게 스마트폰을 온종일 들고 사는 우리 국민은 과연 더 스마트해졌을까? 당신의 정신도 마음도 스마트폰 덕에 매우 스마트한 상태인가? 알 수 있는 정보는 가득하지만, 그 정보를 판단할 수 있는 능력도 과연 스마트폰이 해결해줄 수 있는가? 그야말로 정보의 바다인 그곳에서 우리는 과연 내게 필요한 정보만 잘 이용하고 있는 것인가? 각종 연예뉴스, 스포츠, 심리테스트, 재미난 영상, 게임 등 스마트폰은 우리에게 많은 재미를 제공한다. 시간 보내기도 좋고 무언가를 보고 있다는 점에서 아무것도 하지 않는 것보다 위안이 되기도 한다. 하지만 그런 재미들만 찾다가 내가 스스로 생각할 시간을 놓치지는 않는지 고민해봐야 한다. 사람들은 스마트폰 덕분에 생각할 시간을 잃고 있다. 당신이 오늘 스마트폰을 들여다본 시간과 생각을 한 시간은 얼마인가?

스마트폰의 가장 무서운 힘은 사람들이 무의식중에 들여다본다는 점이다. 손에서 떨어져 있거나 보이는 곳에 있지 않으면 너무 불안하다. 나도 그렇다. 중독 증세가 아닌가 싶기도 하다. 그냥, 그냥, 그냥 스마트폰을 손에서 놓지 못하고 있는 점이 가장 심각한 문제다.

그럼, 이제 스마트폰 대신 책을 들었을 때 어떤 모습일지 알아보자.

• 소통 : SNS의 순기능도 많다. 하지만 SNS상의 타인과의 소통이 중요한 만큼 나 자신과의 소통도 중요하다. SNS를 신경 쓴 만큼 나 자신과 소통을 얼마나 하고 있는가? 책을 읽으면 나 자신과의 소통은 물론이고 책을 쓴 저자와의 소통, 더불어 책을 토대로 SNS에 소통을 함께 한다면 1석 3조의 건강한 소통을 이루게 된다.

• 정보 : 손쉽고 빠르게 찾을 수 있는 정보 검색은 스마트폰 만한 것이 없다. 하지만 더 깊고 정확한 정보를 위해선 책을 찾아야 한다. 책에 밑줄도 긋고 책장을 넘기며.

• 재미 : 책은 무조건 재미없는 것으로 생각하기 쉽다. 하지만 세상에는 책만큼 재미있는 것도 없다. 스마트폰에서 찾을 수 있는 재미는 일회성의 가벼운 재미다. 책에서 찾을 수 있는 재미는 어쩌면 내 평생에 남을 수도 있는 거대한 재미가 될 수도 있다.

• 그냥 : 사람들이 그냥 심심할 때마다 책을 찾게 된다면 지금보다 얼마나 건강한 세상이 될까?

맛있는 사탕을 너무 많이 먹으면 이가 썩기 마련이다. 스마트폰은 우리에게 너무 맛있고 달콤한 사탕과도 같다. 너무 많이 먹어선 안 된다. 손에서 스마트폰을 버리고 책을 들게 되면 세상이 보인다. 다른 것을 볼 수 있는 여유가 생긴다. 자연스레 남편도 보이고 아이도 보이고 나 자신도 다시 보게 된다.

나의 꿈은 모든 사람이 휴대폰을 들고 다니는 대신 손에 책을 들고 다니는 모습이다. 매일은 아니더라도, 단 하루라도 '스마트폰 대신 책을 읽는 날' 캠페인이 생기면 좋겠다. 그다음 날은 모두 SNS에 자신이 읽은 책을 소개하게 되겠지. 더 많은 사람들이 책을 읽고, 더 많은 사람이 책을 써야 한다. 책을 읽는 사람이 더 잘 살아야 한다. 건강하게. 여러분이 이 글을 읽고 하루에 10분이라도 의식적으로 책을 봐야겠다고 생각한다면 (참, 이 글을 보고 있는 당신은 이미 책을 읽고 있는 사람이겠지만) 우리는 지금보다 더 건강한 세상에서 건강히 살아 숨 쉴 수 있게 된다. 적어도 스마트폰에 빠진 노예들만 득실거리는 사회보다는 말이다.

사람들이 책을 찾으면 → 책이 잘 팔린다. → 책을 많이 쓴다. → 출판계가 살아난다. → 사람들이 살아난다. → 대한민국이 살아난다. → 온 세계가 살아난다. → 다시 사람들이 책을 찾는다.

나는 사람들이 조금만 의식을 바꾸면 삼성의 스마트폰보다

○○출판사의 책 한 권이 더 잘 팔릴 수 있다고 생각한다. 휴대폰은 한 번 사면 2년은 써야 하지만 책이라는 것은 한 번 빠지면 100권 1000권 읽기는 시간문제다. 그렇게 삼성보다 출판사는 더 위대한 기업이 될 수 있다. 꼭 그렇게 만들어야 우리나라는 희망이 보인다. 지금처럼 스마트폰의 노예로 살다가는 모든 국민들이 꿈과 희망을 잃게 된다. 생각하는 삶을 방해하기 때문이다. 삶의 풍족하고 편리함 속에서도 나 자신을, 인간의 가치를 먼저 생각해볼 수 있는 사람들이 많아지길 바라본다. (그 시작을 더블:엔 출판사와 함께하고 싶다)

나 와 의
소 통

무슨 일을 하든 자기 자신을 사랑하는 것에서부터 시작해야 한다. 연애도, 공부도, 엄마가 되는 것도. 나이가 들면 남편은 나를 여자로 생각하지 않는다. 자식은 나를 귀찮은 존재로 여기고 무시한다. 나를 온전히 지킬 수 있는 건 나 자신뿐이다. 내가 나를 사랑하면 세상도 나를 사랑해준다. 결국, 나를 챙기지 않으면서 나온 희생과 사랑은 나중에 사랑을 쏟을 대상이 사라지고 나면 결국 깨지고 만다. 하지만 나를 사랑하면서 내뿜은 사랑은 다른 사람까지 사랑하면서 오래오래 남는다.

나를 사랑하려면 나를 아는 것부터 시작해야 한다. 우선 좋아하는 것부터 찾아보자. 책도 있고, 그림도 있고, 여행, 운동, 요리 등도 있겠다. 싫어하는 것은 무엇인가? 하고 싶은 것은 무엇인가? 잘 하는 것은 무엇인가? 학창시절, 첫 사회 경험, 연애 시절, 결혼 초, 첫 아이를 낳았을 때는 어땠는가? 콤플렉스도 좋고, 사회생활의 실수도 연애 시절의 풋풋함도 좋다. 경력이 없어도 좋고, 가진 돈이 없어도 좋고, 공부를 못했어도, 못생겼어도 좋다. 있는 그대로 나 자신을 사랑할 힘. 그 마음 하나면 된다. 그 마음 하나면 충분히 박수 받을 만하다.

나는 아무것도 내세울 것 없는 사람이다. 심지어 초등학교 때 반장 한 번 안 해본 사람이 없다는데, 나는 그 반장 한 번 못 해본 사람이다. 고모부께서 "너는 입을 한 번 다물면 자물쇠 잠근 것 마냥 아무 말도 안 한다" 라고 말씀하실 만큼 소극적인 아이였다. 그런 아이가 엄마가 되고 나이 34세에 이렇게 아무것도 남는 것 없이 보내긴 싫다, 라는 생각만 가지고 책쓰기에 도전하고 있다.

시간은 흘러 자식은 학교에 가고, 남편과는 서로에게 관심을 두는 게 오히려 더 어색하기만 하다. 그때야 비로소 깨닫게 된다. 나는 어디로 사라져 버린 거지? 지금이라도 늦지 않았다. 백문 백답으로 나에 관한 탐구를 시작해보자.

첫 발걸음은 나를 향해야 한다.

001) 나이는? 34살

002) 성별은? 여성

003) 가족은? 남편, 나, 아들

004) 혈액형은? B형

005) 좋아하는 것? 책 읽기

006) 싫어하는 것? 병원 가기

007) 자주하는 것? 밥 차리기 & 설거지 & 장난감 정리

008) 취미는? 책 읽기

009) 특기는? 특기, 특기, 특기 없,,,다.

010) 장래희망은? 작가

011) 장점은? 남들 앞에서 잘 웃기

012) 단점은? 건성으로 일 처리하기.

　　　　　　ex) 빨래 널기, 설거지, 과일 깎기 등.

013) 보물은? 가족

014) 소원 세 가지? 사랑, 건강, 책을 통한 기적

015) 학교는? 신월초 - 진성여중 - 중앙여고 - 조선대학교

016) 주소는? 전남 여수시

017) 좋은 친구는? 편하게 연락할 수 있는 친구

018) 싫은 친구는? 자기 필요할 때만 찾는 친구

019) 진짜 사랑은? 점점 늙고 변해가는 그 모습마저도 변함없이 사랑

해 주는 것.

020) 진짜 죽음은? 희망과 웃음을 잃게 되는 것.

021) 진짜 우정은? 남들이 모두 손가락질하더라도 내 편이 되어주는 것.

022) 주량은? 소주 반병? 아기 낳고 많이 줄었음.

023) 주사는? 평소 연락 못한 사람들에게 전화를 건다.

024) 잘 부르는 노래는? 사랑밖엔 난 몰라

025) 잘 듣는 노래는? Make You Feel My Love

026) 잘 추는 춤은? 막춤

027) 성격은? 평상시엔 온순 & 화나면 다혈질

028) 가장 당황했을 때는? 길 가다 넘어졌을 때

029) 가장 아쉬웠을 때는? 지갑 잃어버렸을 때

030) 용돈은? 20만 원

031) 좋아하는 과목은? 국어

032) 자주 가는 병원은? 소아과

033) 새해 다짐은? 책 쓰기

034) 기상 시간은? 08시

035) 취침 시간은? 12시

036) 좋아하는 과일은? 수박

037) 좋아하는 음식은? 삼겹살

038) 좋아하는 과자는? 닭다리

039) 최근 읽은 책은? 《어린 왕자》

040) 감명 깊었던 책은? 《하루 1시간, 책 쓰기의 힘》

041) 최근 본 영화는? 〈라라랜드〉

042) 감명 깊었던 영화는? 〈이프 온리〉

043) 좋아하는 애니메이션은? 〈뽀로로〉

044) 좋아하는 캐릭터는? 무민

045) 좋아하는 게임은? 고스톱

046) SNS는? 카톡

047) 좋아하는 연예인은? 유재석

048) 이상형은? 나한텐 자상하고 남에겐 까칠한 사람

049) 좋아하는 동물은? 아주 작은 강아지 (보는 것만)

050) 좋아하는 색은? 그레이

051) 즐겨 입는 옷 스타일은? 원피스

052) 할 수 있는 외국어는? 없다

053) 다시 태어나면 어느 나라로? 한국

054) 여행 가고 싶은 곳은? 하와이

055) 좋아하는 장소는? 집

056) 글씨체는? 악필

057) 공부는 잘 하는 편? 중간

058) 신뢰하는 사람은? 남편

059) 좋아하는 커피는? 믹스

060) 좋아하는 차는? **보리차**

061) 담배는? **안 해봄**

062) 자신에 만족하나? 네

063) 좌우명? **리얼리스트로 살자. 하지만 가슴에 불가능한 꿈을 가지고**

살자.

064) 별명? 울소녀

065) 보고 싶은 사람은? **할아버지, 할머니**

066) 맛집은? **광양 숯불갈비**

067) 좋아하는 드라마는? 〈고백부부〉

068) 좋아하는 예능은? 〈1박 2일〉

069) 아르바이트 경험은? **피시방, 동사무소**

070) 자녀 계획은? **아들 딸 아들**

071) 아침에 일어나 먼저 하는 일은? **책 읽기**

072) 잠들기 전 하는 일은? **휴대폰**

073) 좋아하는 계절은? **봄**

074) 부모님께 한 효도는? **리마인드 웨딩**

075) 듣기 좋은 말은? **사랑해**

076) 듣기 싫은 말은? **잔소리**

077) 가장 큰 거짓말은? **엄마가 다음에 사줄게.**

078) 좋아하는 꽃? **수국**

079) 좋아하는 숫자? **3**

080) 좋아하는 신발? **플랫**

081) 좋아하는 자동차는? **벤츠**

082) 아기가 예쁠 때는? **꿈뻑 꿈뻑 졸 때**

083) 좋아하는 요일은? **금요일**

084) 좋아하는 화장품은? **수분크림**

085) 신체 중 자신 있는 부위는? **코**

086) 내가 가장 예뻐 보였을 때는? **이틀 만에 세수했을 때**

087) 휴대폰 메인 화면은? **삼성 바탕화면**

088) 치킨 vs. 족발? **치킨**

089) 짜장 vs. 짬뽕? **짜장**

090) 산 vs. 바다? **바다**

091) 학교 vs. 학원? **학교**

092) 휴대폰 vs. 컴퓨터? **휴대폰**

093) 아침형 vs. 야행성? **그때 그때 다르다**

094) 글 vs. 그림? **글**

095) 솔로 vs. 커플? **커플**

096) 모범생 vs 날라리? **조용한 날라리**

097) 행복한가? **행복하다.**

098) 마지막으로 하고 싶은 말은? **자주는 아니고 10년에 한 번씩 해봐야겠다.**

099) 지금 기분은? **아, 드디어 끝났다!**

100) 당신의 이름은 무엇인가요? **김미선**

유치한 방법이지만 다 하고 나니 뿌듯하다. 자, 이제 나에 대해 더 알아보자. 답변에 대한 이유를 적어보는 것이다. 예를 들면 이렇다.

"잘 듣는 노래는?" 이 질문에 담긴 사연은 무엇인가?

나는 잔잔하면서도 너무 지루하지 않고 허스키한 목소리를 가진 여가수를 좋아한다. 그 목소리의 1인자가 '아델'이었다. 'Make You Feel My Love' 라는 노래를 밤마다 수십 번씩 들으면 잠들었던 기억이 난다.

"좋아하는 장소? 집인 이유는 무엇인가?"

집에서는 뭐든 할 수 있고 지극히 개인적인 공간이다. 또 아이가 생기고 나서는 더욱 밖에서 밥 먹기도 너무 불편할 때가 많다. 돌아다니고 소리 지르는 아이를 챙기느라 밥을 코로 먹는지, 입으로 먹는지 헷갈릴 때가 더 많다. 마음대로 꾸밀 수도 있고 나만의 공간으로 만들 수 있어 집이 참 좋다.

"용돈은?" 이라는 질문에는 용돈을 주로 어디에 쓰는지를 답해보는 것이다. 나는 책을 사거나 옷을 산다. 또 남편이 못 사게 하는 아이 장난감을 사주기도 한다. 지금 금액이 넉넉한지 부족한지 가장 보람 있게 썼던 적은 언제인지 생각하고 적어볼 수 있다.

"부모님께 했던 효도는?" 나는 친정 부모님께 리마인드 웨딩 촬영을 해드렸던 게 기억난다. 엄마 아빠의 드레스와 턱시도 입으신 모습이 너무 아름답고 멋있어 보였다. 다음에 또 기회가 된다면 예쁘고 아름다운 두 분의 모습을 사진으로 자주 담아드리고 싶다. 부모님을 닮아 우리 부부도 예쁘게 알콩달콩 잘 살아가자고 다짐해본다.

이렇게 각 주제별로 1~2줄씩만 써 봐도 꽤 많은 글이 완성된다. 무엇보다 중요한 사실은 나에 대해 더 많이 관심을 갖게 된다는 점이다. 무엇을 좋아하고 싫어하는지 소소한 관심에서부터 시작하면 된다. 다른 누가 알아주지 않더라도 내가 나 자신을 사랑하면 누구보다 행복한 인생을 살 수 있게 된다.

다시 원점으로 돌아왔다. 책을 쓰는 이유에 대해. 아무리 머리를 굴려 봐도 적당한 이유가 떠오르지 않는다. 아무리 마음을 뒤적여 봐도 간절함이 묻어나지 않는다. 그렇다고 이제 와서 포기할 순 없다. 그러기엔 내 인생은 펴다 만 잘못 펼쳐진 책처럼 구김이 가게 될 것이다.

이제 어떻게 하얀 면들을 채워나갈 것인가? 나의 일상을 보여주자. 그리고 내가 읽은 책을 보여주자. 그리고 둘을 접목하자. 내 삶도 달라질 것이다. 여기까지 이르고 나니 다시 쓰기 시작했다. 글쓰기는 목적이 없다고 생각했다. 큰 오산이었다. 완성되지는 않는다. 완성이 없는 글쓰기는 연습일 뿐이다.

독자 여러분도 한번 채워보기 바란다. '엄마' 계급장 떼고 오롯이 '나'를 생각하면서.

001) 나이는?

002) 성별은?

003) 가족은?

004) 혈액형은?

005) 좋아하는 것?

006) 싫어하는 것?

007) 자주하는 것?

008) 취미는?

009) 특기는?

010) 장래희망은?

011) 장점은?

012) 단점은?

013) 보물은?

014) 소원 세 가지?

015) 학교는?

016) 주소는?

017) 좋은 친구는?

018) 싫은 친구는?

019) 진짜 사랑은?

020) 진짜 죽음은?

021) 진짜 우정은?

022) 주량은?

023) 주사는?

024) 잘 부르는 노래는?

025) 잘 듣는 노래는?

026) 잘 추는 춤은?

027) 성격은?

028) 가장 당황했을 때는?

029) 가장 아쉬웠을 때는?

030) 용돈은?

031) 좋아하는 과목은?

032) 자주 가는 병원은?

033) 새해 다짐은?

034) 기상 시간은?

035) 취침 시간은?

036) 좋아하는 과일은?

037) 좋아하는 음식은?

038) 좋아하는 과자는?

039) 최근 읽은 책은?

040) 감명 깊었던 책은?

041) 최근 본 영화는?

042) 감명 깊었던 영화는?

043) 좋아하는 애니메이션은?

044) 좋아하는 캐릭터는?

045) 좋아하는 게임은?

046) SNS는?

047) 좋아하는 연예인은?

048) 이상형은?

049) 좋아하는 동물은?

050) 좋아하는 색은?

051) 즐겨 입는 옷 스타일은?

052) 할 수 있는 외국어는?

053) 다시 태어나면 어느 나라로?

054) 여행 가고 싶은 곳은?

055) 좋아하는 장소는?

056) 글씨체는?

057) 공부는 잘 하는 편?

058) 신뢰하는 사람은?

059) 좋아하는 커피는?

060) 좋아하는 차는?

061) 담배는?

062) 자신에 만족하나?

063) 좌우명?

064) 별명?

065) 보고 싶은 사람은?

066) 맛집은?

067) 좋아하는 드라마는?

068) 좋아하는 예능은?

069) 아르바이트 경험은?

070) 자녀 계획은?

071) 아침에 일어나 먼저 하는 일은?

072) 잠들기 전 하는 일은?

073) 좋아하는 계절은?

074) 부모님께 한 효도는?

075) 듣기 좋은 말은?

076) 듣기 싫은 말은?

077) 가장 큰 거짓말은?

078) 좋아하는 꽃?

079) 좋아하는 숫자?

080) 좋아하는 신발?

081) 좋아하는 자동차는?

082) 아기가 예쁠 때는?

083) 좋아하는 요일은?

084) 좋아하는 화장품은?

085) 신체 중 자신 있는 부위는?

086) 내가 가장 예뻐 보였을 때는?

087) 휴대폰 메인 화면은?

088) 치킨 vs. 족발?

089) 짜장 vs. 짬뽕?

090) 산 vs. 바다?

091) 학교 vs. 학원?

092) 휴대폰 vs. 컴퓨터?

093) 아침형 vs. 야행성?

094) 글 vs. 그림?

095) 솔로 vs. 커플?

096) 모범생 vs 날라리?

097) 행복한가?

098) 마지막으로 하고 싶은 말은?

099) 지금 기분은?

100) 당신의 이름은 무엇인가요?

혼 자 라 도
외 롭 지
않 아

 책을 읽으면 혼자 있어도 외롭지 않다.

신생아 시절, 혼자 있는 시간은 상상도 할 수 없다. 내 힘으로는 눈만 꿈뻑이고 팔다리만 휘둘러대는 것뿐, 아무것도 할 수 있는 게 없다. 전적으로 누군가에게 의지하고 같이 있길 원한다. 나도 그랬고 우리 아가도 그랬다. 이때 엄마가 아이와 함께 보내는 시간에 너무 올인해 버리면 부작용이 생긴다. 점점 시간이 지날수록 혼자 보내야 할 시간이 생기기 때문이다. 엄마에게도, 아가에게도.

더 이상 아가가 아니란 말이겠지. 아이에게만 시간을 올인해 버린 엄마에게 오는 부작용은 바로 아이와 함께 보낸 삶 이후의 삶이 너무 길게 남아 있다는 점이다. 그 시간을 홀로 견디기가 외롭다는 점이다.

혼자 있는 시간은 중요하다. 내 인생이 어디로 흘러가고 있는지, 오늘 하루는 내가 원하는 삶의 모습이었는지 점검해야 할 시간이다. 그런데 그 시간에 우린 무엇을 하고 있나? 그 시간은 일상을 헤쳐나갈 나를 지켜주는 힘이 되기도 한다.

책은 우리를 정신적으로 풍요롭게 하고 건강한 삶을 유지하게 해준다. 아이가 다 자라 내 손을 떠난 뒤에도, 나의 노년까지 책임질 치밀한 준비가 필요하다. 나 자신이 바로 서면 남편이나 자식에게 기대지 않는다. 우리 남편은 내게 "나중에 딸이 없으면 후회하지 않겠어?"라고 말한다. 나는 솔직히 괜찮다. 엄마들이 딸을 원하는 이유는 친한 친구처럼 지내고 싶기 때문일 것이다. 내 마음을 잘 알아주고, 남편보다 섬세하고, 나를 잘 알아줄 수 있는. 내게는 늙어서도 읽어야 할 책이 있으므로 괜찮다. 내 영혼을 살찌워 주리라.

땡전 한 푼 벌지 못해도 할 일이 있다는 건 참 중요하다. 혼자 있어도 외롭지 않기 때문이다. 책을 쓴다고 마음먹으며 나를 돌아보고 내가 좋아하는 것을 찾고 즐길 수 있는 생활과 환경에 만족감을 느끼니 됐다.

책을 읽으면 꿈이 생기고 우울할 틈이 없다.

1 엄마
1 작가
되 기

 할머니들이 잘 하시는 말씀이 있다.

"내가 살아온 이야기만 늘어놔도 소설책 다섯 권은 나올 거다."

세상의 모든 엄마는 '우주 최강 멘탈 소유자'다. 엄마들의 삶으로 책 한 권은 충분히 만들 수 있다. 고된 육아는 엄마를 소설 속 주인공으로 만들어준다. 이제 글로 옮기기만 하면 된다. 집에만 있고 온종일 잠옷으로 하루를 버텨내는 엄마라도 괜찮다. 글을 쓰면 개똥이 엄마도 소똥이 엄마도 나만의 브랜드를 만들 수 있는 책 한 권이 나올 수 있다. 엄마들은 모두 동지다.

글쓰기를 하면서 걱정됐던 부분은 '무슨 내용을 쓰지?'였다. 그 궁금증에 대해 내가 고민한 답을 기록해본다.

친구에게 물었다.

"네가 만약 책을 쓴다면 어떤 책을 쓰고 싶어?"

"나? 나나나… 음….."

"그냥 평소 좋아하는 것이나 관심 있는 거 있지 않아?"

(한참을 생각하더니)

"음, 난 정리를 좋아하는 것 같아."

"옳거니! 그래, 그거야. 정리에 관한 책을 쓰면 되겠다!"

아이가 좋아하는 장난감, 반찬, 남편이 좋아하는 술안주에는 관심이 있지만 정작 내가 좋아하는 것에는 관심이 없다. 내가 좋아하는 음식이나 음악, 여행, 취미생활에는 전혀 관심이 없다. 중요한 사실은 좋아하는 것을 찾아냈다고 해도 현실에서 지금 당장 할 수 없다.

꿈을 가져보자면 세상 모든 엄마의 직업이 전업주부이자 예비작가가 되는 것이다. 아이가 클 때까지 글을 써도 좋고 글쓰기를 위한 책을 봐도 좋다. 그러다 보면 꼭 작가가 되진 않더라도 자기가 좋아하는 분야의 전문가가 되거나 적어도 자신의 이름을 잃지는 않는다. 오히려 아이와 남편이라는 든든한 버팀목을 가진 더 강한 내가 된다.

나 역시 누구의 딸로 살다가, 누구의 아내로 살다가, 누구의 엄마로 살다가 내 인생이 사라지는 것 같아 이 글을 쓰기 시작했다. "엄마들, 우리 잃어버린 인생을 같이 찾아요!"라고 외치면서 시작했다. 하지만 글을 쓰는 동안 머릿속에 가지고 있던 생각들을 꺼내놓고 보니 딸이고 아내이고 엄마인 내 모습은 그저 내 모습의 일부일 뿐이었다. 내 몸의 일부인 팔과 다리가 있는 것처럼 모두가 내 모습이었다.

엄마라는 존재는 강하면서 약하다. 모든 엄마는 자식을 위해 세상 그 무엇과도 맞서 싸울 힘이 있어야 한다. 질병, 범죄, 정치, 사회, 교육문제 등. 내 아이가 발을 디디고 눈으로 보고 귀로 듣고 입으로 들어가는 모든 것에 촉각이 예민하게 곤두선다. 그렇게 엄마는 세상에서 가장 강한 존재가 되어간다. 하지만 반대로 가장 약한 존재이기도 하다. 나 자신이 세상 전부였던 나는 아이에게, 남편에게 자신의 것을 주고 또 주면서 결국 빈껍데기만 남는다. 그렇게 엄마는 약해진다. 아이를 위해 젖을 주고 기저귀를 갈며 청소하고 먹을 것을 준비하고 남편을 위해 빨래를 하고, 청소하고 요리를 한다. 야금야금 나라는 존재를 잃어간다.

하지만 작가의 꿈을 갖는 순간 삶을 바라보는 시각이 변한다. 아기만 키우며 살던 나는 숨은 쉬고 있었지만 살아있지는 않았다. 생기가 넘쳐야 하는데 나는 그저 하루하루를 버티고만 있었다. 언제 터질지 모르는 시한폭탄처럼. 그런데 작가라는 삶을 꿈꾸면서 삶을 바라보는 시각 또한 변하게 되었다.

음식을 할 때도 나만의 팁을 정리해 글을 써볼까? 청소할 때도 나만의 정리법을 기록해볼까? 아기랑 놀 때도 아이가 좋아하는 놀이 한 번 적어놔 볼까? 책을 볼 때도 예전엔 대충대충 넘겼다면 이제는 책 안에서 또 다른 책을 생각해보게 된다. 그야말로 살아있는 삶을 사는 것이다. 누가 시켜서 한 일이 아니라 나 스스로 선택했기 때문에 더 건강하고 행복해진다.

인생은 의미 찾기 게임이다. 이제는 나를 찾는 것만큼 지금의 남편과 아내 그리고 부모님까지 모두를 지키면서 나 자신을 지켜가는 법을 함께하자고 말하고 싶다. 세상 모든 엄마가 행복할 수 있길.

〈1엄마 1작가 되기〉 프로젝트에 당신도 함께할 수 있길. 먼저 경험해본 내가 내민 손을 매몰차게 뿌리치지 않으시길.

이제 시작이다. 내 삶에 의미를 찾아 흔적 남기기 게임.

지영 엄마, 우리 이제 꽃길만 걸어요

이제 이 글의 마침표를 찍으려 한다. 마지막 페이지까지 오니 처음 책을 쓰려고 했던 때가 생각난다. 책을 왜 쓰려 했을까?

글을 마무리하며 다시 처음으로 되돌아간다. 나는 사실 잘난 게 없다. 전문 작가도 아니고, 영재 아이를 키운 엄마도 아니고, 육아 교육이나 인문 관련 교육자나 박사도 아니다. 그저 책을 좋아하는 평범한 엄마였다. 그런 내 이야기를 함께 나누고 싶었던 첫 마음에 포장이나 거품 없이 있는 그대로 독자에게 전달되었기를 바라본다. 내 삶을 공유하고 싶었을 뿐, 책을 냈다고 평범했던 내가 갑자기 위대한(?) 사람이 되는 건 아니었다. 그 마음이 책 곳곳에 묻어나길 바란다.

글을 쓰면서 가장 염두에 두었던 점은 나를 중심에 두는 것이었다. 글을 쓰는 순간만이라도 오롯이 나를 위한 시간이어야 했다.

조금 이기적일지 모르지만 아이를 키우면서 나만의 시간을 갖는 것은 꼭 필요하다. 나를 지켜야 더 오랫동안 지치지 않고 가정을 행복하게 지켜낼 수 있다.

내 카톡 프로필 배경 화면에 죽을 때까지 바꾸지 않을 예정인 문구가 있다. "우리가 원하는 모든 것들이 이루어지길."

아이 키우는 엄마들과 함께 행복해지고 싶어 글을 썼다. 내 생각과 마음이 조금이라도 다른 사람에게 닿아 행복한 길로 인도되길 바란다. 그 중심에는 언제나 책이 있을 것이다. 내가 이 긴 글을 쓴 가장 큰 이유는 책을 만나는 것이다.

세상의 모든 엄마가 자기 자신을 위해 빛을 내며 행복해지길 바란다. 그 시작은 외출 시 당신이 필수로 챙겼던 기저귀와 물티슈처럼 당신과 함께할 책 한 권을 챙겨보는 일이다. 그 안에서 당신에게만 빛나는 한 문장을 만난다면 이미 당신은 빛날 준비가 되어 있다. 이제 마음에 빛을 품고 주변을 바라볼 때다. 책을 읽는 사람이 많아지면 세상은 환하게 빛날 것이다.

모든 답은 책 속에 있다. Book is Answer.